INDICE

Introduzione

Il seguente lavoro si pone l'obiettivo di indagare la figura storica e politica di Thomas Sankara, Presidente del Burkina Faso tra il 1983 e il 1987. L'analisi cercherà di essere il più possibile obiettiva: non vuol essere un elogio dell'esperienza sankarista, ma una trattazione scientifica che consideri sia gli aspetti positivi che le critiche e gli aspetti controversi dei quattro anni "rivoluzionari" del paese africano, guidati dal cosiddetto "Che Guevara africano".

Conobbi la figura di Thomas Sankara qualche anno fa, guardando un interessante documentario in televisione, e da quel momento decisi di approfondire la sua storia, spesso sconosciuta ai più, ma che ancora oggi possiede la forza di appassionare ed ispirare tanti giovani, non solo in Africa, ma in tutto il mondo.[1] Decisi presto di scrivere la tesi di laurea triennale su di lui, guidato dall'interesse ad approfondire sempre di più il pensiero di "Tom Sank", come spesso veniva chiamato dal popolo burkinabé.

Nel primo capitolo del libro verrà analizzata la nascita del Burkina Faso e la figura "rivoluzionaria" di Thomas Sankara, concentrandosi sulle sue origini e sulla sua vita, sulla sua visione ideologica, sul suo carisma e sul sentimento panafricanista che sempre lo accompagnò negli anni. Nel secondo capitolo verrà invece sottolineata la visione politica e di sviluppo di Thomas Sankara, analizzando le politiche adottate dal suo governo e i risultati ottenuti nei quattro anni della cosiddetta "Rivoluzione d'Agosto". Ci si concentrerà sulle tematiche ambientali, sul tema dell'emancipazione femminile, sulle tematiche relative al disarmo e al debito estero e sui rapporti internazionali del Burkina Faso in questa fase storica; senza dimenticare l'importanza della sua visione innovativa di cooperazione allo sviluppo. Il terzo ed ultimo capitolo si occuperà invece delle prospettive future e dell'eredità culturale del pensiero sankarista, collegandosi all'attuale situazione politica e sociale del Burkina Faso.

> "Quelli che ci hanno condotto all'indebitamento
>
> Hanno giocato come al casinò.
>
> Finché guadagnavano
>
> Non c'era nessun problema;
>
> ora che perdono al gioco esigono il rimborso.
>
> E si parla di crisi.
>
> No, Signor presidente.
>
> Hanno giocato, hanno perso, è la regola del gioco"[2]

---

[1] Montanaro Silvestro, *Sankara - "…e quel giorno uccisero la felicità"*, puntata della trasmissione televisiva di RAI 3 "C'era una volta" andata in onda il 18/01/2013, 2013, URL: https://www.youtube.com/watch?v=GPCNq-T7yDY (consultato il 02/05/23).

[2] Estratto del discorso sul debito pubblico tenuto da Thomas Sankara ad Addis Abeba, Etiopia, il 29 luglio 1987, in occasione dei lavori dell'Organizzazione per l'Unità Africana, in Cangiano Giuliano (a cura di), *Sostiene Sankara. Racconti disegnati di felicità rivoluzionarie*, Padova, Becco Giallo, 2014, p. 44.

Figura 1: Foto di Thomas Sankara mentre suona la chitarra, in Cagnolari Vladimir, *Sankara, President Music Lover and Player*, 2017, URL: https://pan-african-music.com/en/sankara-president-musician/ (consultato il 28/04/23).

Capitolo 1

La nascita del Burkina Faso e la figura "rivoluzionaria" di Thomas Sankara

1.1. Il Burkina Faso, una "rosa profumata"

L'Alto Volta post-coloniale nacque all'interno dei confini disegnati dai francesi, in un territorio prevalentemente abitato dalla popolazione Mossi, presente nell'area da diversi secoli e strutturata in forma sedentaria, con un controllo della terra e degli allevamenti, dal XIII secolo. Alcuni nomi, soprattutto se definiti ex-post, racchiudono un vero e proprio significato politico. Il nome "Alto Volta" deriva infatti dal portoghese "rio de volta", ovvero "fiume del ritorno", nome assegnato dai conquistatori portoghesi che lo navigarono nel '500 in cerca di oro, schiavi e donne africane. Tuttavia, i portoghesi, consapevoli degli enormi sforzi che avrebbero dovuto affrontare, decisero di non insediarsi nelle zone interne della regione. Saranno allora i francesi a penetrare nella regione, quando Luigi XIII fondò la "Compagnia Francese dell'Africa occidentale".

Nel 1987 ebbe inizio la vera e propria opera di colonizzazione francese, con le truppe francesi che deposero il Mogho Naba, l'imperatore Mossi di Ouagadougou. Le continue rivolte indussero la Francia, nel 1919, a creare la colonia dell'Alto Volta per garantirsi un controllo più efficiente della regione: il paese cessò di essere un protettorato francese per entrare ufficialmente nell'Africa Occidentale Francese. L'Alto Volta, piccolo territorio nel Nord-Ovest dell'Africa sub-sahariana, diventò libero tra il 1958 e il 1960, con la transizione da colonia francese a nazione "indipendente". La Francia lasciò un Paese fortemente saccheggiato, poverissimo, senza una vera classe dirigente e privo della struttura sociale del Regno Mossi. Un'"indipendenza" così reale che per i cittadini voltaici non cambiò assolutamente nulla dal giorno che l'ha preceduta.

L'Alto Volta continuò allora ad esportare manodopera a basso costo verso le piantagioni della Costa D'Avorio, mentre le condizioni della popolazione peggioravano. I soli ricchi erano i politici, una piccola minoranza della popolazione, che affittavano anche maestose ville agli ambasciatori stranieri, incrementando le loro ricchezze. Una classe politica asservita agli interessi occidentali che dominò un ventennio di neocolonialismo, l'Alto Volta non si liberò veramente dell'eredità coloniale fino ai primi anni '80.[3]

---

[3] Rossi Davide, *Thomas Sankara. La Rivoluzione in Burkina Faso 1983-1987*, Milano, PGreco, 2017, pp. 25-33.

"Quella che noi chiamiamo rosa sarebbe profumata allo stesso modo con qualunque altro nome",[4] sottolineava Shakespeare, per spiegare che il nome è solo un codice convenzionale, ma per eliminare certi "fantasmi" del passato bisogna dichiararlo apertamente. Alto Volta è invece solo il nome del fiume che attraversa il Paese: una caratteristica geo-fisica, un'importante risorsa naturale, tutto quello che davvero interessava ai coloni. "Burkina Faso" significa "la terra degli uomini integri" ed è il nuovo nome assunto dall'Alto Volta nel 1984, che nello stesso momento cambia anche bandiera e inno nazionale. La figura che causò questa rivoluzione culturale fu Thomas Isidore Noël Sankara, considerato oggi il più importante patriota della storia burkinabé.[5] La parola "Burkina Faso" nacque, nello specifico, dall'incrocio di due lingue locali (Dioula e Mòoré), le più diffuse tra le sessanta parlate nella sua terra. Dal Mòoré prende la parola "Burkina" che significa integrità, mentre dal Dioula recupera il termine "Faso" che significa terra, patria. I cittadini diventarono "burkinabé", in cui il suffisso "bé" rappresenta in lingua Peul il significato di cittadino, senza distinzioni tra donne e uomini, concedendo anche a questa lingua locale molto diffusa lo status di lingua nazionale.[6] Questo cambiamento, quindi, non fu solo nominale, ma anche sostanziale.

Era l'inizio di una fase nuova, per "osare inventare l'avvenire"[7] come diceva Sankara. La nuova bandiera aveva i colori giallo, rosso, verde e una stella al centro.

Il Burkina Faso ha una superfice di 274,000 km quadrati, con una popolazione in crescita a quasi 22 milioni di persone nel 2023. Confina a nord-ovest con il Mali, ad est con la Nigeria, a sud-ovest con la Costa d'Avorio, a sud con il Ghana e con il Togo, e a sud-est con il Benin. Le due città più importanti sono Ouagadougou, la capitale, e Bobo Dioulasso, il centro economico del Paese.[8] Il Burkina Faso è oggi uno dei paesi più poveri al mondo. Secondo l'ultimo Human Development Report di UNDP (2019), considerando l'ISU, (indice di sviluppo umano), il Paese si colloca al 182° posto su 189 paesi. Secondo le stime il 45% della popolazione vive sotto la soglia critica di povertà, cioè con meno di 1,25 USD al giorno.

---

[4] Losito Gianluca, *L'eredità sportiva di Thomas Sankara*, 2021, URL: https://www.thomassankara.net/ leredita-sportiva-di-thomas-sankara/?lang=it (consultato il 02/05/23).
[5] Sankara Thomas, *I discorsi e le idee*, Roma, Sankara, 2003, p. 5.
[6] Rossi Davide, *Thomas Sankara. La Rivoluzione in Burkina Faso 1983-1987*, op. cit., p. 34.
[7] Sankara Thomas, *Il presidente ribelle*, Roma, Manifestolibri, 1997, p. 17.
[8] Sankara Thomas, *I discorsi e le idee*, op. cit., p. 5.

Figura 2: Mappa del Burkina Faso, in Dipartimento federale degli affari esteri, *Burkina Faso*, 2023, URL: https://www.eda.admin.ch/deza/it/home/paesi/burkina-faso.html/content/dezaprojects/SDC/en/2017/7F09781/phase99 (consultato il 10/04/23).

Fondamentale per capire l'attuale situazione del Paese, è analizzare la drammatica situazione riguardante gli effetti del cambiamento climatico. Sankara, si impegnò fortemente per diffondere una cultura ecologista tra la popolazione, ma oggi, 36 anni dopo la sua morte, la situazione è in peggioramento. Tutto ciò ha provocato un'enorme insicurezza alimentare, determinando spaventosi tassi di malnutrizione e l'avvio di migrazioni interne ed internazionali di grandi masse di popolazioni. Stiamo parlando di una gravissima crisi umanitaria che coinvolge circa 2,2 milioni di persone.[9]

Un altro fattore da tenere in considerazione è la situazione di grande instabilità che sta vivendo la regione del Sahel. In Burkina, nel 2022, sono avvenuti due colpi di stato nel giro di pochi mesi, con la presenza di gruppi armati non statali dal 2015. Secondo le stime della Comunità Economica degli Stati dell'Africa occidentale (CEDEAO), più del 40% del territorio è ormai fuori dal controllo statale. In base all'ultimo rapporto del Global Terrorism Index, fornito dall'Institute for Economics & Peace (IEP) il Burkina Faso è il secondo Paese al mondo più colpito dal terrorismo, solo dopo l'Afganistan e prima di Paesi come la Somalia, il Mali, Siria e Pakistan. Il terrorismo in Burkina Faso è aumentato in modo drammatico, con dati più alti del 2000% negli ultimi 15 anni.[10]

L'esperienza sankarista si innestava, nel 1983, in uno degli scenari più poveri al mondo, con un reddito pro capite di poco più di 100 dollari l'anno, una popolazione contadina,

---

[9] Agenzia Italiana per la Cooperazione allo Sviluppo, *Burkina Faso*, URL: https://ouagadougou.aics.gov.it/home-ita/paesi/iniziative/burkina/ (consultato il 15/04/23).

[10] Crivellaro Pierpaolo, *Burkina Faso. Il secondo colpo di Stato e la crisi umanitaria a Djibo*, 2022, URL: https://www.aics.gov.it/oltremare/voci-dal-campo/burkina-faso-il-secondo-colpo-di-stato-e-la-crisi-umanitaria-a-djibo/ (consultato il 22/04/23).

malnutrita ed analfabeta, con il deserto che avanzava di sette chilometri all'anno. Il tasso di analfabetismo era infatti stimato al 180 per mille, il tasso di analfabetismo del 98%, l'aspettativa di vita media di 40 anni, la presenza di un medico ogni 50.000 abitanti (nel paese c'erano quindi solo quattro ospedali e 117 medici) e un tasso di frequenza scolastica del 16%. La disponibilità giornaliera di cibo non arrivava nemmeno a duemila calorie per persona, con i tre quarti della popolazione voltaica che era senza acqua potabile.[11] Come affermò Thomas Sankara, il Paese era "un concentrato di tutte le disgrazie del mondo".[12]

1.2. La vita di Sankara: dalle sue origini alla nascita del Burkina Faso

Il 21 dicembre 1949 nacque a Yako, tra Kaya e Ouahigouya, nella zona centro-settentrionale dell'Alto Volta coloniale francese, Thomas Isidore Noel Sankara. Visse a Gaoua, nel nord del Paese, una zona desertica di contadini poveri.[13] La sua era una famiglia numerosa, fu il terzo di dieci figli. La madre, Marguerite era di etnia Mossi, mentre il padre Joseph (veterano della Seconda guerra mondiale ed ex prigioniero di guerra) di etnia Peul. Da bambino aiutava in casa la madre e la sorella diversamente abile, ma anche un bambino che amava la libertà, e che non aveva il timore di protestare con i coetanei bianchi per una bicicletta che i genitori non potevano comprargli.[14]

Un piccolo aneddoto sulla sua infanzia racconta infatti che da bambino Thomas desiderasse fortemente una bicicletta, che tuttavia era troppo costosa per i genitori. Thomas cercò allora di farsi amico un bambino europeo, facendogli piccoli favori con la speranza di poter avere in prestito la bici, cosa che non avvenne. La reazione di Sankara fu allora quella di prendere da solo la bicicletta e fare un giro, senza alcuna autorizzazione. Un fatto che costò la prigione a Joseph Sankara.[15]

Come ha raccontato Paul Sankara, uno dei fratelli minori di Thomas (rifugiato politico, con la sua associazione "Oser Inventer l'Avenir - Thomas Sankara" lotta da anni per ottenere giustizia e ricordare il fratello), fu presto attratto dalla necessità di combattere i mali della società nella quale viveva. All'età di 11 anni, nel momento della formale indipendenza del Paese, preparò insieme ad alcuni suoi compagni di scuola una bandiera nera bianca e rossa che

---

[11] Batà Carlo, *L'Africa di Thomas Sankara. Le idee non si possono uccidere*, Verona, Achab, 2003, pp. 17 e 25.
[12] Sankara Thomas, *Il presidente ribelle*, op. cit., p. 5.
[13] Sankara Thomas, *I discorsi e le idee*, op. cit., p. 15.
[14] Boldrini Mariachiara, *Thomas Sankara, oltre il mito*, 2023, URL: https://www.africarivista.it/thomas-sankara-oltre-il-mito/213221/ (consultato il 22/04/23).
[15] Sankara Thomas, *I discorsi e le idee*, op. cit., p. 15.

decide di issare al posto della bandiera francese, dimostrando così già un forte sentimento patriottico. Tuttavia, alcuni studenti francesi la strapparono e la bruciarono: gli studenti voltaici allora, guidati da Thomas Sankara, si ribellarono.[16]

Terminata la scuola "primaria", frequentò il liceo Muezzin Coulibaly di Bobo-Dioulasso. Si distinse soprattutto in lingua francese e in religione, dimostrando un'ottima conoscenza della Bibbia. Da ragazzo è profondamente attratto dalla figura di Gesù Cristo, tanto che la sua famiglia era convinta che si facesse prete. Essendo una famiglia povera, si rallegrava all'idea che Thomas si costruirà nella Chiesa un avvenire di successo. Sankara era uomo di profonda cultura, leggeva molti libri fin da ragazzo: negli anni della formazione, nell'Africa degli anni Settanta, leggeva "Il conte di Montecristo" di Alexandre Dumas e le poesie di Novalis. Cresciuto in una famiglia dai valori cristiani, nel 1966 non potendo accedere alla facoltà di medicina, decise di intraprendere la carriera militare, iscrivendosi alla Scuola militare Prytanée di Kadiogo. Perseguì così, contro il volere paterno, quella che Mario Giro, africanista ed esperto di Burkina Faso, dice essere "l'unica strada alternativa per ricevere una formazione nel Burkina di quegli anni".[17]

All'età di 19 anni entrò in contatto con le idee del PAI (Partito africano dell'Indipendenza), movimento marxista e antimperialista, fortemente contrario al neocolonialismo occidentale. Qui conobbe Adama Touré, militante del PAI e suo insegnante. Fu da lui che Sankara sentì parlare per la prima volta di neocolonialismo e antimperialismo. Studiò allora i movimenti di liberazione africana, la rivoluzione sovietica e quella cinese. A fine corso proseguì gli studi militari all'Accademia militare di Antsirabe in Madagascar, dove si formò come ufficiale dell'esercito e dove assunse la funzione di "responsabile del Club dell'informazione", esperienza che consolidò la sua consapevolezza politica.

In Madagascar si formò come militare, ma anche come rivoluzionario. Assistette infatti alle grandi rivolte dei lavoratori e degli studenti che si riversarono nelle strade della capitale Antananarivo, contro il presidente Philibert Tsiranana, fedele alla Francia, il cui regime cadde nel 1972. Iniziò in quegli anni a leggere Marx e Lenin, oltre ad essere attratto dai pensieri di Lumumba. Nello stesso periodo consolidò un'altra sua passione, ovvero la musica. La sua chitarra, diventata un simbolo, rimane ancora nella stanza che occupava da giovane nella casa dei suoi genitori. La sua immensa eredità politica è stata, negli anni, celebrata da moltissimi artisti, sia in Burkina che all'estero, che gli hanno reso omaggio con la musica.

Tra l'altro nello stesso periodo si avvicinò anche allo sport, iniziando a praticare calcio, ciclismo e rugby. Una passione, quella per lo sport, che lo accompagnò tutta la vita, anche negli

---

[16] Sankara Thomas, *I discorsi e le idee, op. cit.*, p. 6.
[17] Boldrini Mariachiara, *Thomas Sankara, oltre il mito, op. cit.*

anni della presidenza: Sankara era appassionato anche delle "due ruote" e si narra che, in radicale risposta ai lussi dei militari si presentò alla prima seduta di governo in bicicletta, unico strumento che utilizzava per gli spostamenti in città.

Era un vero e proprio cultore delle moto e indossava per questo un abbigliamento propenso alla guida in moto; formò durante gli anni della presidenza anche una "guardia personale di motociclette" che lo accompagnava nei suoi spostamenti lungo la nazione. Egli era anche abituato a dedicare una parte della giornata alla corsa, in solitudine, nelle strade aride di Ouagadougou. In Madagascar frequentò anche un anno di servizio civile per completare la sua formazione, raggiungendo il grado di sotto-luogotenente.

Nel 1973, a 24 anni, Sankara ritornò in Alto Volta, a Ouagadougou, sul fronte contro il Mali, occasione nella quale incontrò per la prima volta Blaise Compaoré, suo futuro braccio destro, ma anche assassino. Fu messo a capo di un'unità di incursione che resistette più delle altre al fronte nemico. Il classico ordine degli ufficiali "Avanti!", fa dal lui sostituito con "Seguitemi!". Fu per il Paese un periodo di forti proteste e scioperi, un "clima sociale" che portò Sankara a frequentare i circoli politici, sentendo dentro di sé la profonda necessità di un radicale cambiamento e rinnovamento nell'esercito.

Aveva ritrovato la stessa miseria e povertà che aveva lasciato 4 anni prima. Sankara era convinto della necessità di un rinnovamento all'interno della classe militare. Fu per questo motivo che, nel 1976, fu allontanato dal Presidente Lamizana con il pretesto di addestrare i "commandos d'élites" (fu nominato istruttore nel Centro Nazionale di Addestramento Commando di Po a 150 km dalla capitale, a sud del paese), ma egli cercò comunque di formare una classe militare diversa, ispirata da importanti valori morali quali la dignità e il rispetto.

Dava spesso loro da leggere alcuni libri, come il "libretto verde" di Gheddafi. Riuscì ad avvicinare le forze militari alla popolazione attraverso la costituzione di una banda musicale, formata sia da soldati che da cittadini comuni, oltre alla decisione di impegnarsi in opere sociali quali la costruzione di pozzi fondamentali dopo la grande siccità del 1974. Nel 1978 ritrovò per la seconda volta Compaoré, questa volta frequentando un corso da paracadutista a Rabat, in Marocco. In seguito, fu inviato alla base militare francese di Pau, recandosi spesso a Bordeaux, per parlare con alcuni universitari burkinabé, e a Parigi per comprare libri.

Nel frattempo, nel 1977, vi fu un importante referendum in Alto Volta, che modificò l'architettura istituzionale del Paese. Nacque infatti una nuova Costituzione basata sulla democrazia parlamentare, ma non fu sufficiente per placare le turbolenze popolari che sfociarono nel 1980 in un colpo di stato. Saye Zerbo, appoggiato dall'opposizione, riportò così il potere in mano militare, assumendo il ruolo di Presidente, ai danni di Lamizana che era stato eletto democraticamente nel 1978 dopo le elezioni legislative. La costituzione fu allora sospesa e venne sciolto il parlamento e i partiti politici. Zerbo per cercare di far acquistare consensi al proprio governo, chiese a Thomas Sankara di entrare nell'esecutivo.

Sankara, diventato allora Capitano, entrò, per motivi di gerarchia militare, sebbene riluttante, nel nuovo governo come Segretario di Stato per l'informazione, ma decise di dimettersi dopo pochi mesi per incompatibilità tra i suoi principi morali e la corruzione del governo (durante l'incarico incoraggiò i giornalisti a condannare gli abusi di potere dei governanti).[18] Furono due gli episodi che portarono alle dimissioni di Sankara: i soldi, che una ONG olandese aveva portato nel Paese per la costruzione di una diga erano spariti, mentre un convoglio di aiuti alimentari, anziché essere distribuito tra la popolazione, fu diviso tra amici e parenti dei funzionari governativi.

Durante la proclamazione delle dimissioni, durante il discorso di chiusura della conferenza dei ministri africani sul cinema, disse "non c'è cinema senza libertà di espressione e non c'è libertà di espressione senza libertà (…) sfortuna a coloro che imbavagliano il loro popolo", aggiungendo "non posso contribuire a servire gli interessi di una minoranza".[19] Sankara fu allora incarcerato a Dédougou e degradato. Dopo sei mesi di forti tensioni politiche, il governo Zerbo venne rovesciato e Sankara divenne il nuovo capo del governo e Jean-Baptiste Ouédraogo, un dottore del reparto di pediatria della capitale, il nuovo Presidente dell'Alto Volta.

Sankara iniziò allora il lavoro partendo immediatamente dall'eliminare i privilegi dei dipendenti pubblici. La sua lotta contro i privilegi fu serrata: addirittura quando il Mogho Naba (titolo monarchico del gruppo etnico Mossi) si rifiutò di pagare la bolletta della luce e dell'acqua, gli venne tolta l'elettricità ed il palazzo di Corte Mossi della capitale rimase senza acqua corrente. Inoltre, secondo Carlo Batà, sull'esempio del Ghana di Rawlings si decise di dare avvio ad un processo di democratizzazione nelle Forze Armate: "ai soldati si insegna a essere non solo forza coercitiva, ma anche un fattore di traino verso una stabilizzazione politica".[20] L'obiettivo di Sankara era quello di trasformare le Forze Armate in una sorta di "esercito del popolo", depurato da ogni forma di corruzione.

Iniziò una lunga serie di viaggi all'estero tra cui nella Libia di Gheddafi (da cui ottenne un accordo per un aiuto finanziario), l'India di Indira Ghandi, il Nicaragua di Daniel Ortega, l'Algeria di Chadli Bendjedid, la Tanzania di Julius Nyerere, il Mozambico di Samora Michel, il Ghana di Jerry Rawlings, il Benin di Mathieu Kérékou. Mentre Sankara era all'estero, in patria iniziò una campagna stampa propagandistica che lo accusava di essere un comunista

---

[18]   Sankara Thomas, *I discorsi e le idee*, op. cit., pp. 16-20.
[19]   Batà Carlo, *L'Africa di Thomas Sankara. Le idee non si possono uccidere*, op. cit., pp. 25-27.
[20]   *Ibid.*

alleato alla Libia. Il nuovo corso durò poco a causa di un colpo di Stato organizzato dall'intelligence francese. Il 17 maggio del 1983, poco dopo la visita di Gheddafi a Ouagadougou, fu arrestato Sankara, mentre Compaoré riuscì a fuggire. Ouédraogo si unì agli uomini assoldati da Parigi, soddisfatto in realtà di potersi liberare di una figura ormai così scomoda come quella di Sankara.

Il 30 maggio del 1983 fu una data molto importante per la vita di Sankara e per l'Alto Volta. Le classi popolari e i giovani volevano la liberazione di Thomas Sankara, preoccupati per le voci di un suo possibile assassinio in prigione. Costrinsero il governo a cedere: uscì dalla prigione ed insieme al suo amico Compaoré organizzò nei dettagli la presa di potere. Il Colpo di stato sankarista arriverà poco dopo, il 4 agosto 1983 (vigilia della Festa nazionale in cui si ricordò l'indipendenza) giorno in cui Thomas Sankara divenne Presidente dell'Alto Volta. Sankara, temendo per le sorti di Ouédraogo, si accordò con lui per il suo arresto (rimase in prigione per due anni poi fu messo in libertà vigilata), un modo per evitare la sua morte a causa di un possibile "linciaggio" del popolo. Il giorno seguente molti cittadini scesero per le strade, manifestando pieno appoggio al nuovo corso. Per la prima volta, dopo un Colpo di Stato, i "golpisti" andarono in giro per la città con jeep scoperte tra la folla.

Il 4 agosto 1984, in occasione del primo anno dalla rivoluzione, il Presidente decise di cambiare nome all'Alto Volta, denominazione coloniale francese. Nacque il Burkina Faso: "il paese degli uomini integri"[21]. Il programma politico del nuovo governo era stato sviluppato da Sankara tempo prima, anche negli anni della sua formazione. Iniziò così un nuovo capitolo per il Paese, con un importante piano di lotta alla povertà e di sviluppo, basato sulla ricerca di autonomia e indipendenza economica e basato sulla partecipazione della popolazione al potere. I dissensi con Compaoré non smetteranno di crescere nel corso del 1987. Boukary Kaboré, comandante del battaglione di intervento aviotrasportato Koudougou propose di far arrestare Blaise, ma Sankara non lo fece. Questa amicizia era sacra per lui. "Anche nella sua morte, Thomas è rimasto onesto e fedele",[22] assicura Valentin Sankara, fratello minore di Thomas Sankara.

Dopo numerosi attacchi al "debito coloniale", al presidente francese Mitterrand, colpevole secondo il Presidente burkinabé di appoggiare il governo di Pieter Willem Botha in Sudafrica e dopo aver rifiutato l'appoggio militare in Liberia a Charles Taylor, Sankara venne ucciso il 15 ottobre 1987 insieme a dodici ufficiali in un colpo di Stato organizzato, secondo le ricostruzioni giudiziarie da Blaise Compaoré. Il 13 febbraio 2020 è stato ricostruito per la prima

---

[21] Sankara Thomas, *I discorsi e le idee*, *op. cit.*, pp. 21-25.
[22] Lepidi Pierre, *Thomas Sankara, l'homme intègre*, 2020, URL: https://www.lemonde.fr/afrique/article/2020/01/01/thomas-sankara-l-homme- integre_6024544_3212.html (consultato il 21/08/2023).

volta il suo omicidio in un contesto ufficiale: grazie alle testimonianze di sopravvissuti, testimoni e accusati, la corte militare di Ouagadougou ha ricomposto i tasselli del colpo di stato.

L'attacco si è svolto il 15 ottobre 1987, intorno le 16.30 di pomeriggio a Ouagadougou. Il Presidente, a bordo di una Peugeot 205 nera, si diresse alla sede del Consiglio Nazionale della Rivoluzione, ma dopo pochi minuti dall'inizio della seduta alcuni uomini armati sparano contro l'edificio con fucili d'assalto, armi leggere e granate. Sankara, sempre secondo le ricostruzioni giudiziarie, uscì con le mani in alto e venne freddato da una raffica di spari, insieme ai 12 ufficiali e membri del governo.

Figura 3: Rappresentazione dei 12 ufficiali morti nel colpo di stato del 15 ottobre 1987, in Viaggi e Pianoforte, *Thomas Sankara. Il "Che Guevara Africano"*, URL: https://www.viaggiepianoforte.com/africa/thomas-sankara-il-che-guevara-africano (consultato il 22/04/23).

La notte stessa dell'agguato il suo corpo venne sepolto senza onori al cimitero di Dagnoen e venne dichiarato deceduto per cause naturali. Un annuncio ufficiale alla radio nazionale comunicò che il presidente del Burkina Faso si era dimesso, che il Consiglio nazionale della rivoluzione era dissolto e che veniva creato un Fronte popolare diretto dal capitano Blaise Compaoré, il quale fino a quel momento era stato il numero due del regime rivoluzionario.[23]

Il corpo di Sankara non fu mai trovato: gli autori del colpo di stato fecero scomparire il corpo per poi dichiararne la morte mostrando un cumulo di terra scavato di recente, una vera e propria fossa comune per l'ormai ex presidente e gli altri dodici assassinati.[24] Proprio pochi giorni prima della morte di Thomas Sankara, i servizi segreti congolesi avevano scoperto il piano di Compaoré ed inviato un loro funzionario per avvertire Sankara. Sempre poche ore prima del golpe, la moglie Miriam gli parlò di una lettera proveniente dall'Italia in cui lo si

---

[23] Sankara Thomas, *I discorsi e le idee*, op. cit., pp. 26-27.
[24] Batà Carlo, *L'Africa di Thomas Sankara. Le idee non si possono uccidere*, op. cit., p. 11.

metteva in guardia: Compaoré stava scrivendo lettere ad amici all'estero, lasciando intendere che volesse eliminare Sankara.

Dopo la morte, nei comunicati ufficiali dei golpisti si iniziò a dipingere Sankara negativamente: venne accusato di aver tradito la rivoluzione, di aver concentrato nelle proprie mani tutto il potere, di "messianismo", "misoginia" e "misticismo", oltre al fatto di aver preparato un complotto politico per eliminare Compaoré (le prove non furono mai trovate). Dal 15 ottobre iniziò così un periodo di grave repressione, con numerosi imprigionamenti ed esecuzioni. Poi la morsa iniziò ad attenuarsi. Il popolo burkinabé si rassegnò probabilmente al nuovo corso politico, stanca forse di essersi così tanto mobilitata nei 4 anni precedenti, "alla ricerca della felicità".[25]

1.3. La visione ideologica di un leader carismatico

Come sostenuto da Elliott P. Skinner, il carisma è una qualità fondamentale per una leadership, una virtù che riesce a catturare l'immaginario collettivo, essenziale soprattutto nel campo della politica. Sankara riuscì a crearsi l'immagine di un giovane carismatico leader di un piccolo e povero paese, il quale doveva combattere da solo contro un mondo immenso, corrotto, brutale ed ingiusto. Il suo carisma era il risultato di vari fattori: era considerato bello, simpatico, sincero e sapeva "stare sul palco", oltre ad avere una forte personalità. Non appena è diventato famoso e conosciuto a livello locale, Sankara è stato etichettato come "carismatico", sia dai suoi seguaci che dai grandi media internazionali. Fu in questo modo subito legato "spiritualmente" a grandi leader africani, che emersero durante il tramonto del colonialismo occidentale, come Kwame Nkrumah, Sékou Touré, Modibo Keïta, Jomo Kenyatta and Patrice Lumumba.

David Apter,[26] utilizzando uno schema di analisi "weberiano", si riferisce a questi leader come dei "Robin Hood", i cui ruoli sono stati creati da modelli di risentimento, in società in via di modernizzazione nelle quali emergeva con forza la rivendicazione di nuovi diritti. Apter sottolinea che nella sua forma più estrema, il ruolo di Robin Hood può anche portare all'emergere della figura della "autorità carismatica". Secondo lo studioso, e in accordo con il pensiero di Max Weber, la figura carismatica, che nasce in un periodo storico di sofferenza o

---

[25] Sankara Thomas, *Il presidente ribelle, op. cit.*, pp. 19 e 128.
[26] Skinner Elliott P., "Sankara and the Burkinabe Revolution: Charisma and Power, Local and External Dimensions", in *The Journal of Modern African Studies*, vol. 26, n. 3, settembre 1988, pp. 437-440.

di conflitto, non accetta la legittimità dei detentori esistenti di potere, sia per quanto riguarda la classe governativa che per le classi socialmente più previlegiate.

L'abilità di essere carismatici dipende quindi anche dalla natura della società e del mondo e si può comprendere il successo di questi importanti leader, compreso Sankara, dal fatto che la loro retorica "rivoluzionaria" è comparsa in un momento propizio della storia, ovvero nella fase della cosiddetta "Guerra Fredda", quando i vari modelli di imperialismo del XIX secolo sono diventati altamente costosi e impopolari. In questo modo, questi personaggi non solo sono riusciti a guadagnarsi l'approvazione dei loro seguaci locali, ma anche il sostegno o la simpatia del mondo intero.[27]

Come molte figure storiche carismatiche, la sua personalità ha ispirato varie definizioni. Il "presidente dei contadini", per l'attenzione che seppe dare a quel 90% di contadini poverissimi, da sempre dimenticati e rovinati da tradizioni feudali, dall'avanzata del deserto e dai residui del colonialismo francese (definiva spesso i contadini come i "dannati della terra", rifacendosi agli scritti di Frantz Fanon). Il "presidente ribelle", per le proposte definite "rivoluzionarie" in favore dell'autodeterminazione dei popoli e contro l'imperialismo, per le proposte in favore del disarmo e contro il capitalismo. Ma fu anche definito "il presidente più povero del mondo" per l'aver adottato un tenore di vita basato sul non-privilegio, "l'incorruttibile", per la lotta che portò avanti contro la corruzione e il "femminista" per l'attenzione verso i diritti delle donne.[28]

Nel suo stato d'animo, l'uomo e il marxista vennero sempre prima del militare. La sua visione "rivoluzionaria" si è tradotta in una pratica politica che lo ha visto sempre esporsi in prima persona, attuando per primo le richieste che chiedeva al popolo: tratti politici che sono stati definiti come "volontaristici". La sua visione marxista era in realtà molto africana e popolare. Davide Rossi, sottolineandone anche la continua esaltazione delle migliori tradizioni burkinabé, lo definisce un "giacobino nel senso più alto del termine, costantemente alla ricerca di modalità e soluzioni partecipate, mai calate dall'alto, sinceramente antiburocratiche".[29]

Il pensiero di Thomas Sankara fu anche condizionato dalle teorizzazioni della teologia africana della Liberazione. Si rivedono, nelle battaglie condotte dal Presidente burkinabé, le parole del teologo e sociologo camerunense Jean-Marc Ela, il quale attaccò le borghesie neocoloniali, i burocratici e i militari senza una coscienza politica, le cui azioni sono, anche secondo lui, funzionali agli interessi occidentali. Grazie all'influenza della Teoria della

---

[27] *Ibid.*

[28] Sankara Thomas, *Il presidente ribelle*, op. cit., pp. 7-8.

[29] Rossi Davide, *Thomas Sankara. La Rivoluzione in Burkina Faso 1983-1987*, op. cit., pp. 29-30.

Liberazione Sankara condannò severamente la religione organizzata dagli occidentali, che considera contraffatta, trasformata in un vero e proprio strumento di dominazione culturale.

Ne apprezzò invece la grande forza morale, l'etica e il senso di giustizia che sapeva evocare. Sankara era anche consapevole della visione religiosa di Karl Marx, il quale nel libro "Il Capitale" descrisse il fenomeno religioso come "il sospiro della creatura oppressa".[30] Per Thomas Sankara le religioni erano quindi un fenomeno umano e sociale portatore di un'importante morale universale, religioni che tuttavia dovevano essere emancipate da paternalismi, dogmatismi, ristrettezze culturali e, nel caso del cristianesimo, liberate da una forma di "ancillarità" rispetto agli interessi degli sfruttatori occidentali. Per Sankara, la "Rivoluzione d'Agosto" avrebbe dovuto restituire al popolo burkinabé una fede religiosa coerente con la visione antimperialistica intrinsecamente presente nel messaggio cristiano e islamico, un sentimento religioso emancipato dall'asservimento verso il potere occidentale e capace di contribuire positivamente a scardinare i rigidi modelli tradizionalisti contadini.

Sankara, nel descrivere la prospettiva ideologica del nuovo governo, rivelò alla rivista "Jeune Afrique": "se proprio ci tenete ad inquadrarci dentro una posizione ideologica, potete considerarci elementi patriottici. (…) Come si fa a proclamarsi marxisti o comunisti se il popolo muore di fame? Ma perché voltare le spalle al marxismo, se può consentire di risolvere i problemi concreti?"[31] Spiegò poi, a più riprese, come fosse superficiale catalogare nel modo tradizionale ed eurocentrico i movimenti che nascono in parti del mondo diverse.

Sankara fu un leader carismatico che tuttavia non volle mai creare un vero e proprio "culto della personalità", perché, grazie anche alle sue radici cristiane, affermava "sono qui solo di passaggio".[32] Ecco perché, per esempio, non volle mai una sua foto ufficiale da esporre negli uffici pubblici. Se in Ghana con Kwame Nkrumah il culto della personalità raggiunse livelli esasperati, Thomas Sankara addirittura invitava le folle a non cantare "Thomas Sankara possa essere sempre presidente".[33] Ma la sua innegabile presenza carismatica fu alimentata dalle sue azioni, contraddistinte dalla sua modestia e semplicità, dalla sua retorica "populista" secondo cui non potevano esistere dei governanti ricchi in un paese drammaticamente povero. A proposito era noto per il cosiddetto "aereo stop": quando doveva dirigersi alle conferenze dei Capi di stato dell'Organizzazione Unità Africana era abituato a fare l'andata con il Presidente del Niger nel suo boeing presidenziale, e il ritorno con il jet del Presidente della Costa d'Avorio.[34]

---

[30] *Ibid.*
[31] Batà Carlo, *L'Africa di Thomas Sankara. Le idee non si possono uccidere, op. cit.*, p. 33.
[32] Sankara Thomas, *I discorsi e le idee, op. cit.*, p. 28.
[33] Batà Carlo, *L'Africa di Thomas Sankara. Le idee non si possono uccidere, op. cit.*, p. 48.
[34] Sankara Thomas, *I discorsi e le idee, op. cit.*, p. 28.

Si pensi, inoltre, che le uniche sue proprietà erano una casa di due stanze, acquistata con un mutuo, i mobili, la biancheria, i libri, tre chitarre e una moto. Si atteneva, poi, come il popolo, a due pasti al giorno, e non tre. Non consumava caffè, carne, prodotti delle multinazionali e nemmeno tabacco, che considerava un prodotto del capitalismo occidentale: "un gioco del capitalisti, venderci questo veleno che fa venire il cancro, per poi curare i più ricchi nelle cliniche occidentali".[35] Si adoperò anche per evitare qualsiasi tipo di privilegio per la sua famiglia, tentando anche di mandare i figli a studiare nelle più povere scuole di campagna invece che nella capitale.

Quando un medico propose al padre, gravemente ammalato, l'evacuazione in Francia alla quale egli ha diritto in quanto veterano della Seconda guerra mondiale, si oppose per paura di essere accusato di favorire la sua famiglia. Thomas Sankara viveva in modo molto austero, lavorava molto, dormiva poco e spesso mangiava solo porridge accompagnato da una Youko, una soda, che allungava con acqua. "Non beveva alcolici", ricorda Fidèle Toé, ex ministro del Lavoro durante la rivoluzione. "Intorno ai 15 anni si era fatto un'abbuffata di birra e questo gli servì da lezione".[36]

Un piccolo aneddoto racconta che per fare la manutenzione all'impianto elettrico del Palazzo presidenziale, per non gravare sul fragile bilancio statale, Thomas Sankara decise di vendere le proprie scorte di vino che aveva nella sua cantina.[37] Fu anche così, quindi, che Thomas Sankara seppe consolidare il proprio carisma. Come ricordato da Bruno Jaffré, ancora oggi dopo tanti anni dalla morte di Thomas Sankara, il suo carisma non cessa di crescere e di essere uno dei punti di riferimento ideali della gioventù africana.[38]

---

[35] Sankara Thomas, *Il presidente ribelle, op. cit.*, p. 12.
[36] Lepidi Pierre, *Thomas Sankara, l'homme intègre, op. cit.*
[37] Batà Carlo, *L'Africa di Thomas Sankara. Le idee non si possono uccidere, op. cit.*, p. 45-46.
[38] Jaffré Bruno, *La tombe de Sankara profanée. La rage des vaincus?*, 2011, URL: https://www.thomas sankara.net/la-tombe-de-sankara-profanee-la-rage-des-vaincus/ (consultato il 30/04/23).

1.4. Il panafricanismo di Thomas Sankara

Sankara espresse più volte la convinzione che per eliminare definitivamente l'eredità coloniale e neocoloniale ed avviare uno sviluppo endogeno, fosse fondamentale avviare un percorso di unione di tutti gli stati del continente. Questa unione avrebbe dovuto avere un primo obbligo morale e politico, secondo Thomas Sankara, ovvero condannare il regime di apartheid in Sudafrica. Sankara, secondo Carlo Batà, si ispirò, nonostante varie differenze, ai padri dell'indipendenza africana. Si pensi all'esperienza in Guinea di Sékou Touré, a Nyerere in Tanzania e Senghor in Senegal.

Il giovane presidente burkinabé, nella sua concezione di panafricanismo, rifiutò gli accorpamenti per religione o per colore della pelle: il suo progetto di Africa unita includeva anche il Maghreb: "esiste un solo colore, quello dell'unità africana",[39] sosteneva Sankara. Il 3 ottobre del 1984, non essendo stato ammesso alla consuetudinaria visita governativa alla Casa Bianca dal Presidente americano Ronald Reagan a causa di radicali contrasti sul testo del discorso che avrebbe letto il giorno successivo all'ONU, Thomas Sankara decise di visitare il "quartiere nero" di New York, Harlem, dove disse la famosa frase "la nostra Casa Bianca è l'Harlem nero".[40] Ad Harlem, all'incontro organizzato dalla Coalizione Patrice Lumumba presso la scuola Harriet Tubman pronunciò anche: "sono tanti quelli che considerano Harlem un immondezzaio. (…) Ma noi siamo tanti a pensare che Harlem darà tutta la sua dimensione all'anima africana. (…) Dobbiamo condurre la lotta che ci sottrarrà al dominio degli altri uomini e alla loro oppressione. (…) Dobbiamo essere fieri di essere Neri".[41]

Nel discorso Thomas Sankara parlò anche della necessità, per tutto il popolo nero, di sostenere la lotta contro l'apartheid di milioni di persone in Sud Africa, combattendo per la libertà di Nelson Mandela (in carcere dal 1964). A tal proposito Il Burkina Faso sostenne la necessità di introdurre sanzioni contro il Sudafrica, criticando coloro che affermavano che non servivano a nulla ("perché allora sono applicate alla Libia e al Nicaragua?"[42] disse Sankara) ed invitando inoltre la comunità internazionale a boicottare quei paesi che sostenevano o commerciavano con il regime di Pretoria. Il governo Sankara accusò il Sudafrica anche per aver occupato illegalmente la Namibia. Ecco come Sankara descriveva le condizioni di vita degli africani nei due paesi: "in Sudafrica e in Namibia i neri, rinchiusi in riserve, continuano ad essere trattati come schiavi. In tutto il mondo si dice che nessun posto è come casa propria.

---

[39] Batà Carlo, *L'Africa di Thomas Sankara. Le idee non si possono uccidere*, op. cit., p. 92-94.
[40] Sankara Thomas, *I discorsi e le idee*, op. cit., p. 25.
[41] Cangiano Giuliano (a cura di), *Sostiene Sankara. Racconti disegnati di felicità rivoluzionarie*, op. cit., p. 125.
[42] Sankara Thomas, *I discorsi e le idee*, op. cit., p. 25.

Questo non è il caso dei nostri fratelli in Sudafrica. Che è l'unico Stato al mondo che funziona come una prigione collettiva".[43]

Durante il discorso ad Harlem Sankara ricordò inoltre la figura di Maurice Bishop, ex primo ministro del Grenada, morto a seguito dell'invasione militare degli Usa al fine di rovesciare il governo grenadino: "l'anno scorso ho incontrato Maurice Bishop, abbiamo discusso a lungo e ci siamo scambiati dei consigli. Al rientro nel mio paese sono stato arrestato dall'imperialismo, e ho pensato a Maurice Bishop. Rilasciato dalla prigione, grazie alla mobilitazione della popolazione, ho pensato di nuovo a Maurice Bishop. Allora gli ho scritto una lettera, ma non ho fatto in tempo a spedirgliela. Sempre a causa dell'imperialismo! Se non vogliamo che domani si assassinino altri Maurice Bishop occorre mobilitarsi adesso! Ormai dobbiamo lottare senza tregua contro l'imperialismo (…)".[44]

Figura 4: Thomas Sankara accolto dai bambini nella scuola Harriet Tubman di Harlem, in *Sankara à Harlem*, URL: https://www.thomassankara.net/sankara-a-harlem-3/?lang=it (consultato il 12/05/23).

Questo esempio ci dimostra il forte sentimento panafricanista di Thomas Sankara, che riprese più volte anche i pensieri antimperialisti di Kwame Nkrumah, "il padre del Ghana e del panafricanismo"[45] e di Lumumba, Primo Ministro del Congo eliminato nel 1961 dalle autorità belghe (Sankara gli rese spesso omaggio). Durante la sua permanenza negli USA, inoltre, Thomas Sankara appoggiò apertamente la candidatura del reverendo Jesse Jackson alla presidenza. Le accuse più dure furono dirette a Ronald Reagan, a causa delle politiche imperialiste in America latina, Asia e Africa, dove gli USA finanziavano il regime di Pretoria.

---

[43] Batà Carlo, *L'Africa di Thomas Sankara. Le idee non si possono uccidere, op. cit.*, pp. 94 e 99.
[44] Cangiano Giuliano (a cura di), *Sostiene Sankara. Racconti disegnati di felicità rivoluzionarie, op. cit.*, p. 126.
[45] Batà Carlo, *L'Africa di Thomas Sankara. Le idee non si possono uccidere, op. cit.*, p. 120.

Sankara disse pubblicamente che se Reagan avesse voluto, avrebbe potuto volgere al termine il sistema di apartheid in Sud Africa, con un semplice tratto di penna.

Come sottolineato da Albert Mianzoukouta, la figura di Thomas Sankara ha avuto negli anni un importante contrasto: popolare in tutto il continente africano e ben oltre, la popolarità di Sankara in Burkina Faso è rimasta tuttavia di dimensioni più modeste. Questo è stato causato dall'oblio nel quale, le autorità governative burkinabé, hanno cercato di spingere il suo ricordo. Negli anni della presidenza di Compaoré, è stato fatto di tutto per impedire ai giovani burkinabé di conoscere la storia di Sankara. Per questo motivo è stato considerato tra i pochi leader africani, se non l'unico, a risentire di tal contrasto. Sempre secondo Mianzoukouta leader come Nkrumah, Nasser e Lumumba, sono state tutte figure che innanzitutto hanno avuto una grande popolarità nel loro Paese d'origine.

Per quanto la sua priorità fosse sempre la redenzione del suo popolo e del suo Paese, Sankara fissava spesso i suoi obiettivi in un'ottica panafricanista. I due Paesi che spesso citava era Cuba, considerato il paese internazionalista per eccellenza e il Ghana di Nkrumah. Anche le potenze occidentali intendevano la sua "lotta" in quest'ottica. Questa dinamica emerse spesso anche dai suoi pessimi rapporti che ebbe con la Francia, anche quando giunse al potere la sinistra di François Mitterrand.[46] I rapporti con la Francia, a questo proposito, furono complessi: da un lato si può sottolineare la volontà di affrancamento del nuovo governo di Ouagadougou, dall'altra parte però i rapporti con Parigi sono troppo forti per essere completamente spezzati, si pensi alla dipendenza economica e agli aiuti e sovvenzioni che il Paese africano riceveva. Sankara accusò la Francia di comportarsi con i suoi ex possedimenti coloniali come Giuda con Gesù Cristo, dicendosi molto deluso dalle politiche portate avanti dal partito socialista francese, sottolineando una mancata discontinuità con il passato. Thomas Sankara accusò Mitterand di aver ricevuto all'Eliseo il presidente sudafricano Peter Botha e di non impegnarsi in alcun modo per condannare la politica segregazionista di Pretoria.[47]

Le politiche che Sankara adottò nel suo Paese erano anche affrontate nella prospettiva di estenderne la portata a tutta la popolazione africana: si consideri, per esempio, che Sankara fu il primo Presidente africano a chiedere una politica africana comune nella lotta contro l'AIDS, nel 1983. Thomas Sankara affrontò poi il tema fondamentale della deforestazione. La tematica ecologista fu sicuramente affrontata dal punto di vista delle necessità della popolazione burkinabé, ma assunse anche una dimensione geopolitica più grande: secondo Mianzoukouta divenne una vera e propria "causa saheliana". Il panafricanismo di Sankara non si è spento con

---

[46] Mianzoukouta Albert, *Thomas Sankara il Panafricanista*, 2009, URL: https://www.thomassankara.net/thomas-sankara-il-panafricanista-di-albert-mianzoukouta/?lang=it (consultato il 10/04/23).

[47] Batà Carlo, *L'Africa di Thomas Sankara. Le idee non si possono uccidere*, op. cit., p. 122.

la sua morte, anzi è stato portato avanti in varie realtà africane: si pensi, per esempio, all'
Avenue Thomas Sankara a Luanda (Angola), un grande liceo Thomas Sankara a Brazzaville
(Congo) e vari "Club Thomas Sankara" in Costa d'Avorio, in Senegal, in Guinea-Bissau, in
Congo, in Mozambico e a Capo Verde.

Come sottolineato da Mianzoukouta, il panafricanismo di Sankara è stato anche la causa
prima della sua uccisione. La portata "continentale" della sua retorica politica preoccupò
fortemente gli ambienti politici francesi e i suoi alleati in Africa. Si pensi alla Costa d'Avorio,
il cui presidente, Felix Houphouët-Boigny, considerato il più fedele degli alleati francesi, ebbe
spesso dure polemiche e contrasti con il presidente burkinabé.[48] Thomas Sankara, parafrasando
Josè Martì (poeta e rivoluzionario cubano) affermava di riconoscersi parte del Terzo Mondo:
"sentiamo sulla nostra guancia ogni schiaffo inflitto contro ciascun essere umano ovunque nel
mondo. Finora abbiamo porto l'altra guancia, gli schiaffi sono raddoppiati. Ebbene i nostri
occhi si sono aperti alla lotta di classe, non riceveremo più schiaffi".[49]

Ma va sottolineato che l'interpretazione che Thomas Sankara dava al concetto di lotta di
classe non fosse quella classica europea. Nel paese la classe operaia era praticamente assente,
così come la classe borghese nazionale. Per Sankara "quella che si registra in Burkina Faso è
una lotta di classe contro l'imperialismo che si appoggia ai suoi alleati interni".[50] Poco tempo
prima di morire, Sankara riuscì a partecipare al primo Forum internazionale contro la
segregazione in Sudafrica (tra l'8 e l'11 ottobre 1987) organizzato dal "Comitato Bambata", il
movimento burkinabé contro l'apartheid.[51]

---

[48] Mianzoukouta Albert, *Thomas Sankara il Panafricanista*, op. cit.
[49] Estratto del discorso tenuto nella trentanovesima sessione dell'Assemblea Generale delle Nazioni Unite, 4
      ottobre 1984, in Cangiano Giuliano (a cura di), *Sostiene Sankara. Racconti disegnati di felicità rivoluzionarie,
      op. cit.*, p. 14.
[50] Batà Carlo, *L'Africa di Thomas Sankara. Le idee non si possono uccidere,* op. cit., p. 46.
[51] Sankara Thomas, *I discorsi e le idee, op. cit.*, p. 26.

Capitolo 2
La prospettiva politica e di sviluppo di Thomas Sankara

2.1. Le politiche e i risultati della presidenza Sankara

Sankara divenuto il nuovo Capo di Stato del Paese assunse quindi la Presidenza del Consiglio Nazionale della Rivoluzione (CNR), che divenne l'organo politico più importante per il nuovo sistema istituzionale. Il governo, che non prevedeva la figura nel primo ministro, era formato da una maggioranza di civili. Su 21 ministri solo 5 erano militari, una novità per il Paese. Ad esempio, la formazione cattolica del presidente lo portò a nominare l'ex seminarista Philippe Somé come ministro dell'Educazione.

I Comitati di Difesa della Rivoluzione (CDR) erano la diretta emanazione del CNR. I loro obiettivo era radicarsi nella società, difendere la "rivoluzione" e sviluppare una forma di democrazia diretta. In ogni villaggio, quartiere o luogo di lavoro le attività erano portate avanti dai CDR che si occupavano di educazione politica, mobilitazione popolare, partecipazione dei cittadini nei lavori pubblici, mantenimento della difesa pubblica, ma anche il coordinamento della distribuzione di acqua e la pulizia delle strade. Erano organismi già sperimentati nelle esperienze di Cuba, Nicaragua, Benin e Ghana. Nel giro di un anno furono costituiti circa settemila CDR, uno per ogni villaggio. Accanto ai CDR operavano anche assemblee popolari e consigli di villaggio o di quartiere.[52]

La politica e l'economia del Paese, prima dei quattro anni di esperienza "rivoluzionaria", erano basati su un forte assistenzialismo basato su aiuti esteri, debito pubblico, corruzione, malgoverno e forte dipendenza culturale ed economica. Paul Sankara sostiene che le scelte e gli orientamenti di politica economica che furono adottati dal nuovo governo, si posero l'obiettivo di rispondere ai bisogni reali della popolazione burkinabé, iniziando subito a turbare gli interessi della classe franco-africana.[53]

Thomas Sankara ha immediatamente lanciato programmi per il cambiamento sociale, ecologico ed economico del Paese. Tra le principali politiche adottate vi furono: un'enorme campagna di vaccinazioni (furono vaccinati più di 2 milioni di bambini contro la meningite cerebrospinale, la febbre gialla e il morbillo e l'oncocercosi), la costruzione di scuole (ne furono costruite 932, come nei 23 anni precedenti) e ospedali, una campagna di rimboschimento per fermare la pericolosa avanzata del Sahel che portò alla piantumazione di circa 10 milioni di

---

[52] Batà Carlo, *L'Africa di Thomas Sankara. Le idee non si possono uccidere*, op. cit., pp. 31-32.
[53] Sankara Thomas, *I discorsi e le idee*, op. cit., pp. 6-7.

21

alberi, l'avvio della costruzione di case popolari (diminuendone gli affitti), la redistribuzione dei terreni agricoli ai contadini, l'abolizione delle tasse agricole e dei tributi dovuti dai contadini ai capi-villaggio e fondamentali misure dirette a rafforzare l'emancipazione femminile, come l'abolizione della poligamia, l'abrogazione dell'infibulazione e una maggiore partecipazione nella vita politica.[54]

Il tasso di mortalità era tra i più elevati al mondo (150/1000 alla nascita e il 36% entro i 4 anni). Ecco che la che la cosiddetta "vaccinazione commando" promossa dal governo, ebbe un successo così importante che perfino l'UNICEF si complimentò con il Burkina Faso, nonostante l'irritazione di altri organismi internazionali quali la Banca Mondiale e il FMI. Il governo si occupò, inoltre, di favorire l'accesso ai farmaci da parte della popolazione, finanziando l'apertura di farmacie private, nelle quali vengono vendute medicine di prima necessità e prezzi bassi. Nella sola capitale ne aprirono trenta (nel 1983 erano solo tre).

La lotta contro l'analfabetismo riguardò anche trentamila adulti, durante la cosiddetta campagna di "alfabetizzazione commando" del 1986, grazie alla quale impararono a leggere e scrivere in varie lingue locali. Tra il 1983 e il 1987 il numero delle scuole crebbe di molto (le scuole elementari raddoppiarono), mentre le rette scolastiche diminuirono del 60%: si voleva una maggiore affluenza nelle scuole, strategia utile anche a diminuire la delinquenza giovanile e l'abbandono dalle campagne. Il tasso di scolarizzazione primaria passò dal 16% del 1983 al 32% del 1986. Se poi, nelle scuole coloniali si insegnava solo la lingua francese, il nuovo governo introdusse insegnamenti nelle varie lingue locali per rispettare l'identità delle varie etnie presenti in Burkina Faso. Si contrastò in questo modo quel "disegno coloniale" che si poneva l'obiettivo di cancellare le lingue autoctone per rafforzare la dominazione.[55]

Il giovane Presidente burkinabé pensava che non si potesse essere "i dirigenti ricchi di un paese povero" ed operò quindi nella direzione di una "austerità autogestita", [56] ovvero un drastico taglio agli sprechi e ai lussi della pubblica amministrazione del Paese. L'obiettivo era anche quello di arrivare ad un pareggio di bilancio senza tagli alla spesa sociali e senza rivolgersi a prestiti esteri. Si pensi che, al momento della presa di potere di Sankara, il bilancio pubblico era occupato per almeno il 70% dalle spese del personale della pubblica amministrazione, lo 0,35% della popolazione burkinabé.

Sankara decise di ridursi radicalmente lo stipendio (oltre a ridurlo ai ministri), assegnandosi quello di un lavoratore qualunque e guidando una vecchia utilitaria, la celebre Renault 5, che decise di sostituire alle lussuose automobili governative di casa Mercedes (queste

---

[54] Sankara Thomas, *I discorsi e le idee*, op. cit., p. 24.
[55] Batà Carlo, *L'Africa di Thomas Sankara. Le idee non si possono uccidere*, op. cit., pp. 60-61.
[56] Sankara Thomas, *I discorsi e le idee*, op. cit., pp. 120-121.

auto di lusso vennero vendute all'estero e con il ricavato si comprarono utilitarie e si finanziarono progetti sociali). Da quel momento, nei viaggi esteri, il personale governativo avrebbe dovuto viaggiare in classe economica e soggiornare in modesti alberghi. Ad esempio, quando il ministro del lavoro si recò a Ginevra, fu costretto a soggiornare in un hotel francese poco dopo il confine, questo perché non disponeva di abbastanza denaro per permettersi un albergo in Svizzera. I ministri iniziarono infatti a percepire lo stesso reddito del loro stipendio precedente.[57]

Un altro provvedimento fu l'abolizione dell'indennità sole, privilegio assegnato ai funzionari statali che si recavano nelle aree rurali del paese. La politica di austerità verso il settore pubblico toccò anche gli insegnanti, ai quali venne ridotto lo stipendio (gli stipendi furono diminuiti a tutti i funzionari pubblici del 30%). Per questo motivo essi organizzarono, il 20-22 marzo del 1984, uno sciopero in cui parteciparono circa 1400 insegnanti. Il governo decise allora di revocarli tutti, sostituendoli con "insegnanti rivoluzionari", giovani burkinabé appena diplomati. A proposito di settore scolastico, il governo decise inoltre di abbassare fortemente le tasse scolastiche per la scuola primaria e secondaria.[58]

Una delle prime riforme che venne messa a punto fu quella relativa all'assetto amministrativo. Il Paese viene suddiviso in venticinque provincie che sostituirono i dieci dipartimenti istituiti in modo arbitrario dai francesi, che non tennero conto delle specificità etniche regionali. A capo di questi enti locali furono messi funzionari locali, così da impedire un eccessivo controllo della capitale sulle aree rurali e periferiche. Inoltre, promosse una radicale lotta alla corruzione che comportò il licenziamento di molti dipendenti statali. In quanto ammiratore della Rivoluzione cubana, Sankara istituì "Comitati di difesa della Rivoluzione" in vero e proprio stile cubano. Tramite questi strumenti incoraggiò anche il perseguimento di funzionari pubblici accusati di corruzione e controrivoluzionari nei tribunali rivoluzionari popolari.[59]

I CDR furono anche al centro della politica di "democrazia diretta" che aveva in mente Thomas Sankara. Egli vedeva in questa forma istituzionale una via per la rivoluzione. I CDR dovevano essere la cassa di risonanza del popolo, presenti in tutti i villaggi, quartieri e luoghi di lavoro. Tuttavia, Sankara pensava che le organizzazioni di massa, ovvero l'Unione dei contadini, delle donne, dei giovani e degli anziani, sarebbero state la vera espressione compiuta della democrazia diretta. Un pensiero politico che si poneva in un certo senso in contrasto con la partitocrazia burkinabé (aveva una certa sfiducia nei partiti richiamatisi a modelli

---

⁵⁷ Batà Carlo, *L'Africa di Thomas Sankara. Le idee non si possono uccidere*, op. cit., p. 45.
⁵⁸ Sankara Thomas, *I discorsi e le idee*, op. cit., p. 121.
⁵⁹ Batà Carlo, *L'Africa di Thomas Sankara. Le idee non si possono uccidere*, op. cit., p. 31.

rivoluzionari di carattere urbano ed elitario e considerava il multipartitismo una sorta di messa in scena).[60]

Uno degli obiettivi più importanti per il giovane presidente era raggiungere l'autosufficienza alimentare, oltre a rafforzare le filiere di produzione locale. Venne adottata una riforma agraria di redistribuzione delle terre in favore dei contadini e si decise per l'abolizione delle imposte agricole. Si attuò una politica economica diretta a previlegiare le colture interne rispetto a quelle di importazione. Per aumentare la produttività si diede forza alla trasformazione locale del cotone. Il fiocco, il filo, la stoffa e il vestito divennero "Made in Burkina".

Il tessuto artigianale burkinabé, chiamato "faso dan fani" divenne obbligatorio per i funzionari governativi nelle cerimonie pubbliche sia nel Paese che all'estero. Per sostenere il consumo locale nacque anche la catena di magazzini statali "Faso yaar" a prezzi contenuti. Iniziò poi, una produzione importante di biciclette e motorini, i mezzi di trasporto più utilizzati in Burkina, attraverso fonderie di villaggio. Si stava realizzando così, nel giro di pochi anni, quel "produciamo quello che consumiamo, consumiamo quel che produciamo",[61] obiettivo più volte dichiarato da Thomas Sankara.

A proposito di trasporti, oltre ad asfaltare molte strade si operò anche nella direzione di promuovere il trasporto pubblico: nacque la "Regia nazionale dei trasporti in comune" che portò alla nascita dei primi autobus pubblici a Ouagadougou e Bobo Dioulasso. Nel giro di 4 anni si ebbero risultati molto positivi per quanto riguarda l'elettrificazione delle città: si passò da 4 a ben 22 città che disponevano di energia elettrica. Venne abolita l'imposta di capitolazione, considerato un vecchio strumento di dominazione coloniale francese, che prevedeva un'imposta di circa due franchi per ogni cittadino (una cifra che può sembrare bassa, ma che era un "tesoro" per le famiglie più povere).[62]

I risultati di queste politiche furono impressionanti, sia dal punto di vista economico che sociale. Il PIL crebbe con forza, insieme alle esportazioni. La popolazione alfabetizzata crebbe in soli 4 anni dal 16,5% al 24%. Il Burkina Faso diventò autosufficiente dal punto di vista agroalimentare: tra il 1986 e il 1987 quando si registrò addirittura un'eccedenza di cereali. La produzione di cereali era ferma tra il 1979 e il 1983 a 1.1 miliardi, mentre con la nuova politica sankarista si arrivò a 1.8 miliardi. L'eccedenza agricola fu anche possibile grazie alla decisione di Sankara di disincentivare la trasformazione di cereali in birra. Sankara decise di ridurre in modo drastico la produzione della birra locale "Sobbra" e quasi azzera le importazioni di

---

[60] Sankara Thomas, *Il presidente ribelle, op. cit.*, p. 12.
[61] Sankara Thomas, *I discorsi e le idee, op. cit.*, pp. 113-114.
[62] Sankara Thomas, *I discorsi e le idee, op. cit.*, p. 25.

alcolici quali la birra afro-occidentale "Flag". Decide inoltre di aumentare il prezzo di queste bevande, tramite tasse specifiche. L'adozione di questa politica protezionistica provocò anche una reazione da parte dei paesi confinanti che decisero di ridurre l'acquisto della noce di karité burkinabé.

In 4 anni circa l'80% del "Programma popolare di sviluppo", i quali obiettivi erano un miglioramento del benessere della popolazione e della situazione ambientale, venne realizzato. Uno degli obiettivi principali era affrontare il tema dell'assistenza sanitaria, che doveva essere gratuita ed accessibile per tutti. Per esempio, la campagna "un villaggio una postazione sanitaria" fece sì che i villaggi istituirono dei piccoli centri di salute primari, con la presenza di un operatore di salute e un'ostetrica dotati di strumentazioni mediche, medicine e biciclette (con corsi di formazione di circa 3 mesi come nella Cina Popolare) e delle piccole farmacie.

Un'altra campagna che venne adottata nei villaggi fu quella di cercare un po' di svago nelle aree più remote del Paese, con la nascita di campi sportivi e i "cinema rurali". Queste opere vennero promosse anche per limitare l'emigrazione giovanile verso la città o verso i paesi esteri. La lotta alla fame si intensificò con risultati importanti, nonostante lo scetticismo iniziale: ogni burkinabé ebbe il diritto a due pasti al giorno, oltre a 10 litri d'acqua. Gli investimenti per raggiungere questi obiettivi furono elevati: si pensi alla costruzione di importanti dighe e moderni sistemi di irrigazione.

Sul piano internazionale Sankara adottò una politica volta a rafforzare ed allargare il fronte dei paesi non allineati (Movimento dei paesi non allineati che nacque nel 1955 alla Conferenza di Bandung con l'intento di opporsi alla divisione del mondo in due blocchi e come sostegno ai vari movimenti di indipendenza a livello mondiale) che così definì: "il movimento dei non allineati significa rifiutare di essere il terreno dello scontro fra elefanti che calpestano tutto impunemente"[63]. Adottò quindi una politica di equidistanza dai due blocchi, cercando di ridare vigore al Movimento dei non allineati, dopo le morti dei fondatori Tito, Nasser, Sukarno e Nehru.

La sua politica estera fu incentrata sull'antimperialismo: mentre rifiutò importanti aiuti di organizzazioni internazionali come il Fondo monetario internazionale, Sankara accettò aiuti esteri provenienti da altre fonti, con l'obiettivo di ridurre la dipendenza del Paese dagli aiuti esterni, aumentando le entrate interne e diversificando le fonti di assistenza. Il punto principale della politica estera del giovane Presidente burkinabé si basò sulla proposta rivoluzionaria di non restituire il debito, frutto del colonialismo francese. Egli denunciò l'ingiustizia del debito post-coloniali in vari appuntamenti internazionali, pensiamo al 29 luglio 1987 quando celebrò

---

[63] Sankara Thomas, *I discorsi e le idee*, *op. cit.*, pp. 113-122.

un importante intervento durante i lavori della Conferenza dei membri dell'organizzazione per l'unità africana (OUA).[64] Procedette inoltre all'accreditamento degli ambasciatori ogni volta in un villaggio differente, imponendo a questi funzionari stranieri ad attraversare le strade polverose dei villaggi, conoscendo così davvero la nazione. Non li riceveva nei grandi palazzi della politica, ma sotto il grande baobab del villaggio, insieme agli anziani.[65]

La politica urbana di Sankara si inserì invece in un contesto nel quale, nel 1980, a Ouagadougou, circa il 70% del suolo era occupato irregolarmente, con abitazioni improvvisate, ammassate le une sulle altre. Sankara cercò innanzitutto di mettere un freno all'emorragia dalle campagne. In più, la nuova legislazione urbana prevedeva che le terre dei quartieri irregolari erano di proprietà collettiva, ma che potevano essere attribuite in usufrutto a coloro che dimostravano di avervi già costruito una casa. Una politica che portò quindi, secondo Valerio Bini, ad una regolarizzazione di massa dei quartieri abusivi (in pochi anni furono attribuiti circa 60.000 appezzamenti di terreno nella Capitale) e quindi anche un'estensione dell'accesso ai servizi.[66]

Una delle ambizioni maggiori del governo sankarista era quello di redistribuire la ricchezza nel paese, in un'ottica di giustizia sociale. Una redistribuzione che doveva essere sia "verticale", che "orizzontale", ovvero tra le regioni che vivevano condizioni diverse: nacque a questo proposito la "Cassa di solidarietà rivoluzionaria" con la quale si cercò di abbozzare una perequazione tra le zone del Paese più ricche e quelle più povere. Sempre in un'ottica di giustizia sociale e di riduzione delle diseguaglianze, Sankara si occupò anche del fenomeno dell'accattonaggio, molto diffuso nei centri urbani. Thomas Sankara volle togliere dalla strada i "mendicanti" creando delle abitazioni di solidarietà, dove vengono anche insegnati alcuni mestieri.[67]

Un'altra sfida di Thomas Sankara fu la "battaglia del binario", ovvero la costruzione in autonomia di 100 chilometri di ferrovia, fondamentale per raggiungere da Ouagadougou le regioni del Nord e le miniere di manganese. La Banca Mondiale rispose negativamente alla possibilità di finanziare tale progetto: fu quindi deciso di organizzare un lavoro autonomo basato su squadre operative volontarie. Questo progetto si inseriva in una politica più generale nella quale anche i cittadini dovevano lavorare per tre settimane all'anno nei cantieri popolari per la costruzione del paese.[68] Come detto, il progetto fu bocciato dalla Banca Mondiale, la quale preferiva finanziare la costruzione di una superstrada. Il risultato del progetto fu tuttavia

---

[64] *Ibid.*
[65] Rossi Davide, *Thomas Sankara. La Rivoluzione in Burkina Faso 1983-1987, op. cit.*, p. 34.
[66] Batà Carlo, *L'Africa di Thomas Sankara. Le idee non si possono uccidere, op. cit.*, p. 52.
[67] Batà Carlo, *L'Africa di Thomas Sankara. Le idee non si possono uccidere, op. cit.*, pp. 43 e 51.
[68] Sankara Thomas, *Il presidente ribelle, op. cit.*, pp. 9-10.

parzialmente fallimentare, a causa degli scarsi fondi e dell'approssimazione con la quale vennero svolti i lavori (alcune tratte erano inutilizzabili).[69]

Per dare impulso allo sviluppo economico Sankara procedette poi verso una politica di nazionalizzazioni, accusando: "alcune persone, cittadini voltaici o stranieri, con l'aiuto del governo avviano un'impresa con il pretesto di creare nuovi posti di lavoro e di contribuire allo sviluppo economico del Paese. Poi, dopo alcuni anni, annunciano tagli strutturali per adeguarsi alle mutate condizioni. A questo noi diciamo di no!".[70]

Dal punto di vista industriale, la situazione era disastrosa. Non esisteva una classe operaia in Alto Volta proprio per l'assenza di fabbriche. In tutto il Paese erano presenti solo una cinquantina di fabbriche, nelle vicinanze delle due città più grandi del Paese. Nell'estate del 1985 incominciò un'opera di recupero dell'abbandonata zona industriale di Kossodo: delle 23 fabbriche che furono costruite dopo il 1974, solo 12 erano ancora in funzione. In un anno, il governo Sankara riuscì a riaprire 11 fabbriche, recuperando 424 posti di lavoro. Anche la musica e nello specifico la radio erano, nella filosofia sankarista, uno strumento importante per la diffusione di una cultura democratica basata sul dialogo tra i cittadini e il governo. Fu così che promosse un'innovativa iniziativa, la "Radio entrez et parlez" (radio entrate e parlate): ogni cittadino poteva entrare negli uffici della radio nazionale e parlare in diretta per criticare e fare proposte ai membri del governo.

Per lo stesso motivo Thomas Sankara era solito trascorrere molte notti fuori casa, seduto nelle piazzette dei villaggi a discutere ed ascoltare i pensieri di giovani ed anziani. Il governo mise la radio anche al centro di una politica di alfabetizzazione e divulgazione agricola, sviluppando una rete di radio rurali locali.[71] Si pensi alla radio di Gaoua, che iniziò a trasmettere, in ben cinque lingue locali, istruzioni per massimizzare i raccolti. Nella regione i risultati furono sorprendenti: in due anni il raccolto di cotone raddoppia. In più, imparare a leggere e scrivere, permise ai contadini di avere maggiori strumenti per poter evitare truffe dai commercianti, ufficiali corrotti e usurai.[72]

Nella "rivoluzione sankarista", la cultura ebbe quindi un ruolo primario. Sankara ridiede vita al FESPACO, il Panafrican Film Festival di Ouagadougou (festival biennale del cinema africano con presenze da tutto il mondo), e, sotto la sua direzione, le sale cinematografiche si sono moltiplicate diffondendosi anche nelle zone rurali e sono diventate più "democratiche", proprio come i teatri che sono sorti nelle province del Burkina Faso. Per raggiungere tali risultati si avvalse della collaborazione del regista Idrissa Ouédraogo, al quale venne affidato anche la

[69] Batà Carlo, *L'Africa di Thomas Sankara. Le idee non si possono uccidere*, op. cit., p. 54.
[70] Batà Carlo, *L'Africa di Thomas Sankara. Le idee non si possono uccidere*, op. cit., pp. 27 e 35.
[71] Sankara Thomas, *I discorsi e le idee*, op. cit., p. 123.
[72] Batà Carlo, *L'Africa di Thomas Sankara. Le idee non si possono uccidere*, op. cit., p. 65.

realizzazione di documentari, di cinegiornali educativi e didattici, anche rappresentativi dei cambiamenti portati dalla Rivoluzione.[73]

Fino a quel momento, invece, nel Paese arrivavano pellicole europee o sottoproduzioni indiane. Il cinema coloniale fu un vero e proprio strumento di dominazione culturale, in quanto fu utile a legittimare il colonialismo: si pensi ai tanti stereotipi di queste pellicole, che esaltavano le società europee, mentre sottolineavano l'inferiorità e il tribalismo degli africani. L'obiettivo che si pose l'esecutivo Sankara fu invece quello di creare un palcoscenico importante per i film africani e consentire lo sviluppo del settore. Il CNR approvò anche una legge sul credito cinematografico che prevedeva importanti finanziamenti da parte delle banche e la creazione di un consorzio per la distribuzione dei film. Con l'obiettivo di raggiungere ogni luogo del paese e educare la popolazione alle regole fondamentali sull'igiene e sulla solidarietà, vennero inoltre creati i Teatro-Forum. L'idea fu presa dal Teatro dell'Oppresso, studiato da Augusto Boal in Brasile negli anni '60.[74]

Per trasmettere i messaggi rivoluzionari, Sankara chiese a Cissé di formare due orchestre: la prima composta da bambini, ispirata ai "Petits chanteurs à la croix de bois" (coro di ragazzi con sede principale ad Autun, in Francia), la seconda, composta da giovani ragazze, chiamate "Les Colombes de la Révolution".

Figura 5: Foto delle due orchestre formate da Cissé, in Cagnolari Vladimir, *Sankara, President Music Lover and Player*, op. cit.

Abdoulaye Cissé, che fu nominato responsabile di queste orchestre, iniziò a formare questi giovani che avrebbero accompagnato il presidente Sankara nei suoi viaggi all'estero. Cantarono in Libia, Camerun, Congo, Cuba e in tanti altri appuntamenti internazionali. Sankara partecipò attivamente anche alla creazione dell'inno nazionale burkinabé, il Ditanyè (che in lingua lobi

---

[73] Cagnolari Vladimir, *Sankara, President Music Lover and Player*, op. cit.
[74] Batà Carlo, *L'Africa di Thomas Sankara. Le idee non si possono uccidere*, op. cit., pp. 61-62.

significa "canto della vittoria"), che sostituì l'inno nazionale imposto dai coloni francesi, il "Fière Volta".[75]

Secondo Thomas Sankara, l'indipendenza del paese doveva passare anche attraverso la liberazione culturale. Da questo punto di vista, l'influenza del pensiero di Amilcar Cabral, il quale sottolineava l'importanza della cultura nei movimenti di liberazione nazionale, sono evidenti. Sankara sosteneva che: "per l'imperialismo è più importante dominarci culturalmente che militarmente. La dominazione culturale è la più flessibile, la più efficace, la meno costosa. Il nostro compito consiste nel decolonizzare la nostra mentalità (…)".[76]

Gli "uomini integri" su cui Sankara decide di modellare il suo Paese sono "hombres verticales" in tutto e per tutto, quindi anche sportivi. Ecco quindi che lo sport, nei pochi anni della sua presidenza, giocherà un ruolo fondamentale per la società burkinabé. Prima di Sankara lo sport era poco diffuso nel Paese. Si registrano poche testimonianze, legate ad alcuni episodi specifici. Il Calcio arriva nell'Alto Volta verso la fine degli anni '40, e i primi calciatori cominciano a giocare in campi con porte fatte da muri di paglia, a piedi nudi. Per Sankara, lo sport, era uno strumento di festa e dialogo. Il suo contributo non si fermò infatti solo alle abitudini personali, anzi: pensava l'attività fisica come un aggregatore sociale, strumento fondamentale per rafforzare un tessuto sociale attraversato da importanti diseguaglianze tra i centri urbani e quelli rurali.

Fino ad allora il Paese non aveva avuto né un ministero dello sport né un piano dedicatovi. Henri Zongo, che fece parte dei rivoluzionari del 4 agosto insieme a Sankara, fu nominato ministro dello sport. Vi fu un importante investimento: 7.000 nuovi campi da gioco (uno per ogni villaggio circa) e 30 stadi furono costruiti nel giro di un anno. In occasione del primo anniversario della rivoluzione, furono molte le celebrazioni sportive nazionali. Oltre a tornei di calcio e di boxe fu organizzata la "Roue du Souroue", una breve corsa a tappe nel nord del Paese. Un evento che fu preceduto da una gara ciclistica tra tutti i membri di Governo dal Presidente.

Sankara organizzò spesso gare sportive con i suoi ministri, voleva addirittura che almeno una volta alla settimana facessero sport insieme. Sankara era ben consapevole delle implicazioni politiche delle attività sportive. Decise allora di boicottare le Olimpiadi di Los Angeles del 1984 poiché voleva prendere le distanze dagli USA, che ospitavano quei giochi, e soprattutto dalla Gran Bretagna, che appoggiavano il regime e l'apartheid in Sud Africa. Il programma sportivo si sviluppò nel Paese sempre di più: ogni dipendente statale doveva essere allenati, tanto che per ognuno c'era una tabella aggiornata con alcuni risultati, ad esempio nella

---

[75] Cagnolari Vladimir, *Sankara, President Music Lover and Player*, *op. cit.*

[76] Batà Carlo, *L'Africa di Thomas Sankara. Le idee non si possono uccidere*, *op. cit.*, pp. 62-63.

corsa.[77] La rivoluzione sportiva di Sankara ha avuto grandi risultati. Dal 1987 si corre ogni anno il "Tour de Faso", una corsa ciclistica a tappe, con importanti risultati della nazionale burkinabé.

Ma anche Thomas Sankara, nel perseguire i suoi obiettivi politici, fece degli errori. Errori che, secondo Marinella Correggia, lo accompagnarono verso la sua morte prematura. Degli errori doveva averne fatti, se la popolazione non si rivoltò in massa contro il nuovo regime che nacque in seguito al Colpo di stato di Compaoré. Sankara, infatti, chiese molto al "cuore dello stato", ai funzionari statali, al corpo militare, ai partiti, ai sindacati, ai capi tradizionali, ma anche e soprattutto ai suoi colleghi di governo. Sankara si accorse solo troppo tardi che a livello governativo era rimasto isolato: una parte dell'esercito rivoleva il potere, i sindacati si sentivano estromessi dalla scena pubblica e i partiti "progressisti" si sentivano scavalcati a sinistra dai CDR.[78]

I Sindacati, inizialmente, dichiararono di essere dalla parte del CNR. Tuttavia, le misure di austerity imposte portarono ad un progressivo allontanamento delle organizzazioni sindacali dal governo rivoluzionario. Sankara accusò anche pubblicamente i sindacati di essere finanziati da paesi esteri per supportare la loro azione. Ormai le posizioni tra il governo e i sindacati legati alla piccola borghesia urbana erano su posizioni inconciliabili. Sankara commentò la vicenda così: "parlano di rivoluzione mentre portano al collo catene d'oro e indossano cravatte eleganti (…) In una mano hanno il Capitale di Marx, nell'altra il libretto degli assegni".[79] Secondo il giornalista malgascio Sennen Andriamirado l'errore principale di Thomas Sankara fu, oltre ad una eccessiva impazienza ed avventatezza, "aver creduto, fino a morirne, alla perfettibilità dell'essere umano".[80]

Negli ultimi tempi Sankara decise di rallentare il corso di alcune politiche rivoluzionarie e di riparare ad alcuni errori che commise: si procedette, ad esempio, alla fine del controllo sulla partecipazione alle giornate di sport di massa e al reintegro di vari insegnanti. Secondo Sankara, infatti, l'adozione di alcune misure radicali furono rese necessarie dalla volontà di difendersi da possibili azioni destabilizzanti. Sankara si rese conto, inoltre, del ritardo della presa di coscienza da parte dei contadini e di un mancato appoggio verso le politiche agrarie. Si disse speranzoso della "nascita di un nuovo contadino, serio e cosciente delle proprie responsabilità" che possa prendere il posto del "contadino arretrato, rassegnato al suo destino, ingenuo e schiavo dell'oscurantismo". Consapevole di queste difficoltà, il Presidente burkinabé annunciò: "abbiamo deciso di prenderci il tempo necessario a trarre lezione dalla nostra attività

---

[77] Losito Gianluca, *L'eredità sportiva di Thomas Sankara, op. cit.*
[78] Sankara Thomas, *Il presidente ribelle, op. cit.*, pp. 13-14.
[79] Batà Carlo, *L'Africa di Thomas Sankara. Le idee non si possono uccidere, op. cit.*, pp. 39-40.
[80] Sankara Thomas, *Il presidente ribelle, op. cit.*, pp. 13-14.

passata. (…) Dobbiamo fare del quinto anno di rivoluzione un anno di valutazione critica del nostro lavoro".[81]

L'8 ottobre del 1987, una settimana prima del colpo di stato che mise fine all'esperienza sankarista, vi fu un'importante riunione tra Sankara, Compaoré ed altri ministri, sulla possibilità di creare un partito unico guidato da militari. Sankara era nettamente contrario a questa idea, così, dopo una lunga lite, abbandonò l'incontro. Egli era invece favorevole ad elezioni politiche multipartitiche e a una riforma costituzionale in senso democratico.

2.2. Le critiche alle politiche del governo Sankara

Colpito a 37 anni da colpi di Kalashnikov, "Thomas Sankara è diventato un'icona, un mito",[82] assicura Francis Simonis, docente di "Storia dell'Africa" all'Università di Aix-Marsiglia. La sua morte violenta gli ha dato un'immagine quasi cristiana, che ha fatto dimenticare alcuni aspetti più oscuri della sua rivoluzione.

Nel tempo, tuttavia, non sono mancate anche importanti critiche verso le politiche adottate da Thomas Sankara nei quattro anni alla guida del Burkina Faso. Il governo Sankara è stato criticato da Amnesty International e da altre organizzazioni non governative internazionali per violazioni dei diritti umani. Queste organizzazioni umanitarie hanno infatti condannato le esecuzioni e le detenzioni di oppositori politici da parte dei Comitati per la Difesa della Rivoluzione.[83] L'organizzazione britannica Oxfam ha denunciato inoltre l'arresto di leader sindacali: lo sciopero degli insegnanti nel 1984 avrebbe inoltre portato al licenziamento di 2.500 lavoratori. ONG e sindacati sarebbero inoltre stati messi sotto il controllo dei Comitati per la Difesa della Rivoluzione che erano diffusi in ogni luogo di lavoro.[84]

I tribunali rivoluzionari popolari (TPR), istituiti dal governo nel 1984 in tutto il Burkina Faso, hanno sottoposto gli imputati a processi per corruzione, truffe, nepotismo, sperpero di denaro pubblico, evasione fiscale o generica attività "controrivoluzionaria", attraverso procedure giudiziarie, e in particolare le garanzie legali per gli imputati (non era prevista la presenza di un pubblico ministero, né di un avvocato difensore per gli imputati), che non erano conformi agli standard internazionali. Nel difendere l'attività dei TPR Sankara spiegava: "se un avvocato difende un cliente, questo cliente potrà essere difeso veramente solo se paga

---

[81] Batà Carlo, *L'Africa di Thomas Sankara. Le idee non si possono uccidere*, *op. cit.*, pp. 123-125.

[82] Lepidi, Pierre, *Thomas Sankara, l'immortel*, 2019, URL: https://www.lemonde.fr/afrique/article/2019/12/31/thomas-sankara-l-immortel_6024468_3212.html (consultato il 22/08/2023).

[83] Amnesty International, *Burkina Faso: Political Imprisonment and the Use of Torture from 1983 to 1988*, London, Amnesty International, 1988.

[84] Sharp Robin, *Burkina Faso. New Life for the Sahel? A Report for Oxfam*, Oxford, Oxfam, 1987, p. 13.

lautamente l'avvocato. Il migliore avvocato sarà quindi riservato a chi paga di più. Ciò significa che più si ruba, più denaro si ha per meglio difendersi. Ma se non si hanno i soldi per difendersi?".[85] Carlo Batà sottolinea tuttavia che la diffusione dei TPR in Burkina Fasò fu molto limitata e scarsa, con sentenze che spesso si caratterizzarono per la loro clemenza. Il valore dei TPR rimase, sempre secondo Batà, prevalentemente simbolico, anche se con le pene pecuniarie si recuperarono una somma corrispondente a circa il 12% del magro PIL del Paese.

Carlo Batà sottolinea inoltre come i CDR si resero responsabili di gravi abusi e violenze. Soprattutto i componenti più giovani e analfabeti, si sentirono autorizzati ad utilizzare le armi per esercitare il loro potere. Comportamenti che furono condannati dallo stesso Sankara.[86] La Freedom House, organizzazione finanziata dal governo degli Stati Uniti, valutò il Burkina Faso del periodo 1984-1987 come stato "non libero", assegnandogli punteggi leggermente peggiori rispetto a quelli degli anni precedenti e degli anni successivi.[87]

Padre Alex Zanotelli, nell'analizzare le politiche di Sankara, sottolineò una criticità, ovvero la mancanza di una chiara condanna verso la violenza. Secondo la sua analisi Thomas Sankara, inevitabilmente influenzato dal pensiero militare, avrebbe potuto attingere maggiormente dal pensiero di Gandhi e Martin Luther King sulla forza della non violenza attiva. Nel perseguire una politica attenta verso i bisogni delle classi più povere, e nello specifico per coloro che faticavano a pagare l'affitto, il CNR decise di stabilire la gratuità per 1 anno degli affitti. Questo provocò la rabbia di molti proprietari, oltre che, ancora una volta, di ricchi sindacalisti che avevano investito in questo settore. Il provvedimento, secondo Carlo Batà, si rivelò però un boomerang, provocando un ingente fuga di capitali dal Paese.[88]

Secondo le tesi di Jean-Claude Kongo e Leo Zeilig il progetto di trasformazione sociale di Thomas Sankara era fortemente disomogeneo. Secondo la loro analisi, Sankara ha tentato di portare avanti riforme radicali, tuttavia, le politiche per perseguire la trasformazione ricercate erano profondamente imperfette. Creando istituzioni e organizzazioni "dall'alto" per realizzare il suo progetto per il Burkina Faso, Thomas Sankara avrebbe infatti posto le basi per il suo fallimento. Gli strumenti di trasformazione di Sankara si sono rivelati troppo deboli per realizzare gli obiettivi della sua rivoluzione.

Un'azione fondamentale, indicativa della natura top-down del progetto sankarista, è stata la creazione del CNR, incaricato di indirizzare la trasformazione dall'alto della struttura di comando militare. Kongo e Zeilig sottolineano come alcuni dei progetti dall'alto verso il basso

[85] Batà Carlo, *L'Africa di Thomas Sankara. Le idee non si possono uccidere*, op. cit., pp. 37-38.

[86] Batà Carlo, *L'Africa di Thomas Sankara. Le idee non si possono uccidere*, op. cit., p. 57.

[87] Freedom House, *Country ratings and status 1973-2014*, 2014, URL: https://www.freedomhouse.org/sites/default/files/Country%20Ratings%20and%20Status,%201973-2014%20(FINAL).xls (consultato il 04/05/23).

[88] Batà Carlo, *L'Africa di Thomas Sankara. Le idee non si possono uccidere*, op. cit., pp. 9 e 47.

abbiano avuto sicuramente successo. Si pensi per esempio nell'assistenza sanitaria di base, campo nel quale il governo ha ottenuto alcuni dei suoi maggiori successi. Eppure, decisioni come quella di licenziare gli insegnanti in sciopero nel 1984 ebbero un impatto molto duro sulla vita di migliaia di persone. Nonostante importanti risultati, il governo era poi bloccato in un rapporto profondamente diseguale con l'economia mondiale. Il paese dipendeva dall'oro e dal cotone: quest'ultimo costituiva la metà di tutte le entrate delle esportazioni. Nonostante la produzione di cotone sia aumentata da 60.000 tonnellate all'anno nel 1980 a 170.000 tonnellate nel 1987, i livelli di reddito effettivi, nonostante questo aumento, sono aumentati di pochissimo.

Secondo la visione economica dei due studiosi, i prezzi dei raccolti commerciali contribuivano in modo significativo all'instabilità economica del paese. Per quanto valorosi fossero i tentativi del governo di diversificare l'economia nella produzione e nei manufatti, essi rimasero in gran parte simbolici. L'instabilità alimentare si aggravò negli anni '80 e gli investimenti esteri rimasero molto bassi sotto il CNR: il deficit fu quindi colmato da prestiti a lungo termine che nel 1987 avevano raddoppiato il peso del debito del paese subsahariano. L'indipendenza economica e finanziaria restava un sogno di Sankara, lontano dalla realtà.

Sankara e i suoi fedelissimi sostenevano di essere socialisti nelle tradizioni della Rivoluzione russa del 1917. Eppure, sempre secondo Kongo e Zeilig, erano tutti fortemente contagiati da una visione di "socialismo dall'alto", basato sul forte controllo statale. Nonostante i discorsi di Thomas Sankara fossero pieni di riferimenti al popolo, descrivendolo come "guida" della rivoluzione burkinabé, l'effettiva azione delle masse popolari era molto limitata.

L'attivista e scrittrice francese Lila Chouli è stata molto critica riguardo alle carenze politiche di Thomas Sankara. Anche secondo Chouli le riforme sociali di Sankara provenivano "dall'alto", piuttosto che favorire l'auto-emancipazione delle masse lavoratrici e popolari. Il risultato di questo approccio, per Chouli, è stato quello di portare il governo al conflitto con ampi settori della classe operaia e delle sue organizzazioni. Nel gennaio 1985 venne costituito un fronte sindacale per contrastare il declino delle libertà democratiche e sindacali nel Paese. Anche se questo fronte rimase attivo durante tutto il periodo rivoluzionario, i sindacati e le organizzazioni indipendenti furono indebolite a causa della repressione dell'attività sindacale. Ciò includeva il licenziamento di dipendenti pubblici e l'arresto e la tortura di molti attivisti. Inoltre, i critici e gli oppositori venivano etichettati come "nemici del popolo", con le azioni dei sindacati che erano considerate sovversive e potevano anche essere punite con "sanzioni militari".

Si oppose spesso alle ricette del FMI anche su questi temi: il pane, ad esempio, voleva che si producesse con il miglio e non con il mais, visto che quest'ultimo doveva essere importato. Lo stesso per le mele d'importazione, previlegiando i manghi locali. Il "mantra" di Sankara era chiaro: sviluppare le produzioni locali, produrre ciò di cui si ha bisogno e consumare burkinabé. Per combattere il sottosviluppo agricolo si decise di creare il Ministero della questione contadina, che si occupò di elaborare un piano quinquennale in collaborazione con i contadini, mediante lo strumento partecipativo delle assemblee di villaggio. Si stabilisce inoltre un incremento dal 2% al 40% del bilancio dello Stato destinato all'agricoltura, un aumento di risorse enorme. Il 1987 è addirittura proclamato quale "anno dei contadini".

La rivoluzione ecologica di Sankara si basò prevalentemente su tre lotte: la lotta contro gli incendi nelle savane, quella contro il "vagare delle mandrie" (lasciare gli animali liberi era una vecchia abitudine locale) e la lotta contro il taglio incontrollato delle foreste per farne legna da ardere. Obiettivi tremendamente attuali, in un mondo dove il cambiamento climatico è una delle principali minacce globali. Si crearono dei veri e propri comitati di controllo e si iniziarono a punire molto severamente i trasgressori delle nuove regole ambientali.

A prova della sua attenzione verso il tema ambientale creò il Ministero dell'Acqua collegato con quello dell'ambiente, ponendo l'attenzione sulla realizzazione di piccole dighe, bacini idrici, pozzi, ma anche sulla messa a colture di terre incolte, creazione di banche di semi, formazione agricola e la creazione di cooperative agricole.[93] "Il Burkina Faso ha proposto e continua a proporre che almeno l'1% delle somme colossali destinate alla ricerca di altre forme di vita su altri pianeti sia destinato a finanziare la lotta per salvare gli alberi e la vita. Non abbandoniamo la speranza che il dialogo con i marziani possa farci conquistare l'Eden; ma riteniamo nel frattempo, come abitanti della terra, di avere il diritto di rifiutare un'alternativa limitata alla sola scelta tra inferno e purgatorio. Così formulata, la nostra lotta in difesa degli alberi e delle foreste è in primo luogo una lotta popolare e democratica. Poiché lo sterile e costoso agitarsi di un manipolo di ingegneri ed esperti forestali non risolverà nulla! Né le coscienze commosse di una quantità di forum ed istituzioni, per quanto sinceri e lodevoli possano essere, rinverdiranno il Sahel, se non abbiamo fondi per scavare pozzi di acqua potabile profondi cento metri, mentre c'è tutto il denaro necessario a scavare pozzi di petrolio profondi 3000 metri!"[94]

"L'ambientalismo sankariano" fu anche una forma di lotta contro il colonialismo e l'imperialismo, considerato da Thomas Sankara come "il piromane delle nostre foreste e delle

---

[93] Sankara Thomas, *I discorsi e le idee*, op. cit., pp. 113-117.

[94] Estratto del discorso tenuto a Parigi il 5 febbraio 1986 in occasione della Prima conferenza internazionale sull'albero e la foresta, in Cangiano Giuliano (a cura di), *Sostiene Sankara. Racconti disegnati di felicità rivoluzionarie*, op. cit., pp. 106-107.

nostre savane".[95] Sankara promosse anche un'iniziativa chiamata "operazione uffici verdi e funzionari ai campi". Le piante entrarono negli uffici e ad ogni ministero venne assegnato un campo da coltivare. I richiami al maoismo cinese sono evidenti, ma con caratteristiche tutte proprie: non vi era la rigidità orientale, ma la bonomia e il sorriso africano. La seconda decisione non fu particolarmente apprezzata dall'apparato statale, ma per Sankara era di fondamentale importanza proprio per comprendere a pieno le difficoltà quotidiane del popolo, composto per circa il 98% da contadini ed agricoltori. Nelle zone rurali fu inoltre avviata l'operazione "Una familie una compostiére" per incentivare le pratiche di compostaggio (le attività volte allo smaltimento di rifiuti solidi urbani per produrre fertilizzanti naturali).[96]

Il Burkina Faso fu l'unico paese al mondo che, nonostante i gravi problemi ambientali ancora irrisolti, riservò al tema dell'ecologia una così alta importanza da avere un ruolo di primo piano all'interno dei testi costituzionali.[97] Oltre 35 anni dopo la morte di Thomas Sankara rimane ancora oggi traccia delle lotte e dell'impegno ecologico del Burkina Faso: si pensi alle tecniche di coltivazione avanzate che, ad esempio, hanno permesso al Burkina Faso di essere il primo paese africano a coltivare il cotone solo con metodi agroecologici. Viene coltivato e lavorato anche il karité da cui viene estratto il famoso burro di karité, un cosmetico molto apprezzato in tutto il mondo.[98]

Nel 2015, prima che la situazione della sicurezza peggiorasse gravemente nel nord e nell'est del Burkina Faso, quasi 100.000 agricoltori di questo paese di circa 20 milioni di abitanti praticavano l'agricoltura biologica. Nel Burkina Faso sankarista, come già detto, l'agroecologia non era una novità. Una grande riforma agraria fu lanciata durante la rivoluzione di Thomas Sankara. Per realizzarlo, il presidente rivoluzionario, secondo l'analisi di Le Monde, contattò un contadino allora sconosciuto, ma già impegnato nell'agricoltura ecologica: Pierre Rabhi.

All'inizio degli anni '80, Point Mulhouse, un'agenzia di viaggi specializzata in Africa, chiese a questo pioniere del biologico di organizzare campi nel Burkina Faso e di offrire "turismo verde" per aiutare gli agricoltori. Una volta al potere, Thomas Sankara si interessò a questi campi e ne comprese le potenzialità produttive. Nel novembre 1986, Thomas Sankara offrì a Pierre Rabhi un incontro a Ouagadougou. "Gli interessava il fatto che l'agroecologia libera il mondo agricolo dai fertilizzanti chimici, dai pesticidi sintetici e da tutti i prodotti commercializzati dalle multinazionali", ricorda Pierre Rabhi. "Riteneva che essi alienassero i

---

[95] Viaggi e Pianoforte, *Thomas Sankara. Il "Che Guevara Africano"*, op. cit.
[96] Batà Carlo, *L'Africa di Thomas Sankara. Le idee non si possono uccidere*, op. cit., p. 51.
[97] Batà Carlo, *L'Africa di Thomas Sankara. Le idee non si possono uccidere*, op. cit., p. 72.
[98] WOWnature, *Rivoluzione ecologica e desertificazione. Alla ricerca del sogno di Thomas Sankara*, op. cit.

contadini africani e che avrebbero potuto farne in gran parte a meno poiché abbiamo ottenuto ottimi risultati".[99]

Al termine dell'incontro, il presidente suggerì agli ecologisti di pensare ad una riforma radicale dell'agricoltura in tutto il Paese. Pierre Rabhi accettò la sfida. "Il presidente Sankara aveva capito che era necessario dissociare l'agricoltura e la chimica", spiega Serge Bayala, segretario del Memoriale Thomas-Sankara e membro di diversi movimenti cittadini burkinabé. "Era convinto che si potesse fare a meno dei fertilizzanti perché contaminavano il terreno. Riteneva che i Burkinabé dovessero consumare ciò che producono e produrre ciò che consumano".[100]

Il governo sankarista arriverà addirittura a vietare l'importazione di frutta e verdura per incentivare i commercianti a fare scorta in alcune zone di produzione come Kénédougou, una provincia nell'ovest del Paese. Sotto la pressione dei CDR, ogni Burkinabé coltiverà anche il suo orto, il più delle volte nel cortile di casa. L'associazione "Terre et humanisme" di Pierre Rabhi offre ancora formazione in Burkina Faso. L'agroecologia, analizza Pierre Lepidi, permette di rigenerare il territorio, di lottare contro la desertificazione in atto e si adatta ai bisogni delle popolazioni più povere. Thomas Sankara lo comprese, ma la sua morte fermò questi progetti innovativi, conclude Le Monde.[101]

Figura 6: Pierre Rabhi et Thomas Sankara, in Lepidi Pierre, *Thomas Sankara, l'écologiste*, 2020, URL: https://www.lemonde.fr/afrique/article/2020/01/03/thomas-sankara-l-ecologiste_6024742_3212.html (consultato il 24/08/23).

---

[99] Lepidi Pierre, *Thomas Sankara, l'écologiste*, 2020, URL: https://www.lemonde.fr/afrique/article/2020/01/03/thomas-sankara-l-ecologiste_6024742_3212.html (consultato il 24/08/23).

[100] *Ibid.*

[101] *Ibid.*

2.4. L'emancipazione femminile Burkinabé

Nel Discorso d'Orientamento Politico Sankara, espresse subito la volontà di rivedere profondamente il ruolo della donna nella società voltaica. Egli basò il suo discorso su alcuni concetti tipici della produzione letteraria francese dell'Ottocento, si pensi a Charles Fourier, che nel 1808 scriveva: "il grado di emancipazione femminile è la misura naturale dell'emancipazione generale".[102] Ad esempio, presso l'etnia Mossi, la principale nel Paese, le terre appartenevano alle comunità e, nella spartizione, quelle più lontane e men fertili erano riservate alle donne. Le donne, nelle campagne del Burkina Faso, secondo il "Bureau International du Travail" lavoravano in media diciassette ore al giorno, occupandosi dell'80% del lavoro rurale. Nel frattempo, dovevano anche occuparsi da sole all'educazione e all'alimentazione dei figli. Alle donne era anche riservata l'esclusività del rifornimento di legna, erbe mediche, frutta selvatica e acqua potabile, un compito, soprattutto quest'ultimo, sempre più arduo a causa delle condizioni atmosferiche avverse (precipitazioni non regolari, siccità).

Le mogli di vari funzionari pubblici e dei grandi proprietari, invece, svolgevano una vita molto diversa, basata sul lusso. Il nuovo governò cercò di porre fine a queste ampie diseguaglianze all'interno della società.[103] Sankara fu un vero "femminista" per i suoi tempi. Si dedicò con convinzione al tema delle diseguaglianze di genere. "Le donne subiscono due volte le conseguenze nefaste della società neocoloniale",[104] sosteneva. Collegava, con convinzione, le pessime condizioni delle donne, non solo alle antiche tradizioni del proprio popolo, ma anche al sistema capitalistico ereditato dal colonialismo. Nel porre la questione femminile nella società burkinabé, l'obiettivo di Thomas Sankara era comunque quello di voler abolire quel sistema schiavistico in cui la donna fu mantenuta per millenni. Una battaglia che egli collegava con la "lotta universale" di tutte le donne.

Per la società burkinabé, quando nasceva un bambino maschio, era un vero e proprio "dono di Dio", mentre la nascita di una femmina era vista quasi come una fatalità. Secondo Sankara la società creava, fin da subito, nella mente della bambina burkinabé uno spirito di alienazione personale: già a 3 anni la bambina doveva imparare a servire, ad essere già una piccola casalinga alle dipendenze dell'uomo. Tutto questo mentre i bambini maschi potevano giocare e dedicare la loro infanzia allo svago. Una dipendenza, una ineguaglianza che sarebbe continuata per tutta la vita. In tutti i territori del Burkina Faso, l'organizzazione sociale tradizionale aveva almeno un punto in comune: la subordinazione della donna.[105]

---

[102] Batà Carlo, *L'Africa di Thomas Sankara. Le idee non si possono uccidere, op. cit.*, pp. 75-76.
[103] *Ibid.*
[104] Sankara Thomas, *I discorsi e le idee, op. cit.*, p. 67.
[105] Sankara Thomas, *I discorsi e le idee, op. cit.*, pp. 78-79.

Thomas Sankara condannò le condizioni femminili delle campagne del suo Paese, ma si dimostrò anche consapevole che nella città, il luogo dove si supponeva che vi fosse spazio per l'emancipazione della donna, questa si è ritrovata ad occuparsi dei salotti borghesi, a prostituirsi o a "servire da esca commerciale nella pubblicità".[106] Se sul piano materiale le donne della piccola borghesia urbana vivono meglio delle povere contadine, sono altrettanto più libere, emancipate e rispettate, si chiede Sankara?

L'8 marzo 1987, in occasione della giornata internazionale della donna, pronunciò un importante discorso sulle condizioni della donna in Burkina Faso. Sostenne con forza che, quel processo di recupero di dignità, onore e felicità per il popolo burkinabé che partì con la "Rivoluzione d'agosto", lasciò tuttavia indietro le donne, escluse e confinate nella loro "oscurità spersonalizzante". "Per gli uomini, le promesse della rivoluzione sono già realtà. Per le donne, invece, non sono ancora che rumori",[107] affermò.

Thomas Sankara si batté contro l'esclusione sociale e politica delle donne burkinabé: fu sua la scelta di inserire figure femminili nel suo esecutivo. Nel suo ultimo governo compaiono 5 donne: Bernadette Sanon alla Cultura e Educazione, Azara Bamba alla Sanità, Adélé Ouédraogo al Bilancio, Beatrice Damiba all'Ambiente e Joséphine Ouédraogo allo Sviluppo femminile e Solidarietà familiare. La partecipazione attiva delle donne in politica raggiunse livelli mai visti prima, con ruoli anche diplomatici.[108]

Organizzò importanti iniziative per ripensare il ruolo comunitario delle donne, come le giornate in cui si chiedeva espressamente ai mariti di occuparsi della casa al posto della propria moglie. Lottò contro gli usi e le consuetudini feudali ancora molto diffuse nelle campagne del Paese, pensiamo alle mutilazioni genitali femminili. Fu anche criticato duramente dai suoi più fedeli collaboratori per la rapidità con cui pretendeva che avvenisse il cambiamento culturale. Erano le stesse donne che spesso non capivano le nuove politiche messe in atto, che avevano l'obiettivo di rafforzare la loro emancipazione. Egli subì anche forti critiche dai capi tradizionali, indignati per le novità che Sankara riuscì ad introdurre nel nuovo codice di famiglia.[109]

L'importante discorso di Sankara in occasione della giornata internazionale della donna a Ouagadougou dimostrò, concretamente, l'estrema attenzione che Thomas Sankara dava al tema della diseguaglianza di genere: "nella società capitalista la donna, già moralmente e socialmente perseguitata, è anche dominata sul piano economico. Mantenuta dall'uomo quando

---

[106] Sankara Thomas, *I discorsi e le idee*, op. cit., pp. 81-82.
[107] Cangiano Giuliano (a cura di), *Sostiene Sankara. Racconti disegnati di felicità rivoluzionarie*, op. cit., pp. 78-79.
[108] Batà Carlo, *L'Africa di Thomas Sankara. Le idee non si possono uccidere*, op. cit., p. 83.
[109] Batà Carlo, *L'Africa di Thomas Sankara. Le idee non si possono uccidere*, op. cit., p. 118.

non lavora, lo è ugualmente quando si ammazza di lavoro".[110] Thomas Sankara pensava infatti che la condizione della donna nella società capitalistica fosse ancora più difficile rispetto alle ingiustizie che già doveva subire durante la società feudale. Non solo viene mantenuta una dipendenza dal punto di vista psicologico e sociale, ma con l'era del capitalismo si afferma anche una nuova dipendenza economica ai suoi danni. Per Thomas Sankara, la donna, dall'età del bronzo in poi ha sempre vissuto in un rapporto di forte disuguaglianza in rapporto all'uomo.

Citando i lavori di Engels, sosteneva che l'asservimento storico della donna nacque con l'apparire della proprietà privata. Ma quest'ultima società, quella capitalistica, attraverso il suo sistema economico, ha saputo sfruttare nel modo più cinico e complesso la donna. Sankara collegava lo sfruttamento delle classi e il dominio delle donne in uno stretto parallelismo. Questo sistema patriarcale assoluto basato su ineguaglianza e violenza, per il giovane presidente burkinabé, si sarebbe potuto spezzare solo costruendo una società nuova: "la sorte delle donne non migliorerà che con la liquidazione del sistema che le sfrutta".[111]

Il giovane Presidente tentò anche, invano, di assegnare per legge alle donne una parte del salario dei propri mariti perché riteneva che queste fossero più "intelligenti" nel gestire il denaro familiare. Si accorse, per esempio, che molti mariti sperperavano una parte dei salari con alcool e prostitute, aggravando così ancora di più le difficili economie familiari. L'Idea di Sankara assunse il nome di "salario vitale". L'applicazione di tale novità fu però impossibile soprattutto a causa della struttura familiare burkinabé, nella quale dominava la poligamia.

Sankara inventò, inoltre, la campagna "i mariti al mercato": il sabato divenne vietato alle donne (tranne per le venditrici) fare la spesa al mercato incentivando quindi l'uomo a dedicarsi a questa attività, non solo per abbattere la cultura della superiorità dell'uomo, ma anche per far comprendere ai mariti il costo della vita e le difficoltà quotidiane che le mogli dovevano affrontare. All'epoca la violenza domestica era una pratica molto diffusa, utilizzata dagli uomini anche come forme di protesta per lamentarsi della scarsità del pasto. L'operazione fu poi bloccata sia per l'opposizione degli uomini che per quella delle donne più tradizionaliste.[112] Il governo Sankara fondò anche una struttura statale dedicata specificatamente alle donne del Burkina Faso: l'Union Féminine Burkinabé, un ministero che si occupava della partecipazione delle donne allo sviluppo, in un'ottica di decentralizzazione. In ogni quartiere del Paese venne così aperto un ufficio dell'UFB con il compito di aggregare le donne e realizzare attività a loro favore, sensibilizzando le persone di tutti i villaggi sulla questione femminile. Esse risposero

---

[110] Cangiano Giuliano (a cura di), *Sostiene Sankara. Racconti disegnati di felicità rivoluzionarie*, op. cit., p. 78.
[111] Sankara Thomas, *I discorsi e le idee*, op. cit., pp. 67 e 72.
[112] Sankara Thomas, *I discorsi e le idee*, op. cit., pp. 117-118.

molto positivamente, con ampie partecipazioni. Il CNR stabilì inoltre che dall'8 al 15 marzo si celebrasse la settimana nazionale delle donne.[113]

A dimostrazione del suo sentimento "femminista" la scorta in motocicletta di Sankara era costituita da sole donne. Inoltre, nel 1987 vietò la prostituzione, ma per questa scelta fu sommerso da forti critiche popolari venendo accusato di non aver preso in considerazione la grave situazione economica del Burkina Faso. Per Sankara era fondamentale non incarcerare le prostitute come invece accadeva in molti paesi, ma aiutarle ad uscire dalla loro difficile situazione, dando loro un'occupazione vera nell'economia burkinabé.

Ricordiamo, a tal proposito, alcune parole scritte da Thomas Sankara nel telex inviato al secondo Congresso mondiale delle prostitute il 2 dicembre 1986: "…la prostituzione non è che un prodotto delle ingiustizie sociali e della filosofia dello sfruttamento che portano la società alla degenerazione. (…) Ecco perché in Burkina Faso combattiamo la prostituzione; ma la nostra strategia pone con chiarezza l'obbligo per tutti noi di uccidere il male senza uccidere il malato, cioè eliminare la prostituzione proteggendo però la prostituta. Si, per noi in Burkina Faso la prostituta non è che la vittima innocente della società trasformate in giungla dove si ricorre a qualunque mezzo per vivere, spesso solo per sopravvivere".[114]

Per le donne che decisero di cambiare vita, il governo si attivò concretamente provvedendo a trovare un nuovo alloggio dove vivere e un nuovo lavoro: segretaria, sarta, cuoca, centralinista, taxista.[115] Decise, inoltre, di chiudere i night club, dove non solo vi era un forte sfruttamento della prostituzione, ma anche dove la piccola borghesia faceva fortuna con la vendita di Coca-Cola, il cui prezzo di vendita era molto alto aggirandosi tra i 1500 e i 2000 franchi per litro. Questi locali vennero sostituiti con piste da ballo diurne, con musica popolare e prezzi accessibili alla popolazione (il costo medio di un drink si aggirava intorno ai 50 franchi).

Alla radio molte erano le trasmissioni (anche in lingue locali per facilitare la comprensione) di educazione sessuale, sulla contraccezione, sulle malattie trasmissibili e sulla pericolosità della clitoridectomia, conosciuta comunemente come infibulazione. Questa operazione veniva praticata dalle levatrici che passavano di villaggio in villaggio, obbligando tra l'altro le famiglie più povere, che non volevano rimanere emarginate dalla società, ad indebitarsi. Le levatrici utilizzavano strumenti quali coltelli da cucina, lamette spesso arrugginite, forbici, pezzi di vetro, schegge e perfino le unghie. Le ferite venivano suturate con

---

[113] Batà Carlo, *L'Africa di Thomas Sankara. Le idee non si possono uccidere, op. cit.*, p. 76.
[114] Sankara Thomas, *I discorsi e le idee, op. cit.*, p. 63.
[115] Batà Carlo, *L'Africa di Thomas Sankara. Le idee non si possono uccidere, op. cit.*, p. 81.

fili di seta o spine di acacia. Per la cicatrizzazione delle ferite si usavano sostanze naturali come erbe, il tuorlo d'uovo o succo di limone o addirittura tizzoni ardenti.

Pratiche che spesso portavano anche ad infezioni mortali. Le cause di questo fenomeno sono da ricercare nelle tradizioni locali: per l'etnia Mossi l'infibulazione è ritenuta obbligatoria perfino per le bambine di due o tre anni. Sankara condannò questa pericolosa pratica (fu uno dei primi capi di stato africani a farlo) definendola come "barbara". Il governo decise di inviare medici nelle campagne per contrastare il fenomeno, scegliendo una strategia graduale, cercando almeno di limitare le conseguenze negative dell'escissione (si invitò per esempio a sterilizzare gli strumenti ed aspettare la stagione delle piogge visto che quella secca favorisce maggiormente il sorgere di infezioni).[116]

Blandine Sankara, sorella minore di Thomas Sankara, ricordò perfettamente che suo fratello amava tantissimo le donne. Questo sentimento, molto probabilmente, si sviluppò durante la sua infanzia: a differenza della maggior parte dei suoi coetanei ha avuto sia il ruolo da uomo che il ruolo da donna in casa, soprattutto quando sua madre era in difficoltà mentre si occupava di uno dei suoi figli che era disabile. Per questo motivo, secondo la sorella, enfatizzò spesso l'importanza della donna all'interno della società.[117] L'attenzione che Sankara seppe dare al tema della diseguaglianza di genere fu quindi a 360 gradi: tra il 1983 e il 1987, oltre ad occuparsi delle rivendicazioni dei diritti civili, il giovane presidente seppe condurre politiche dirette a rafforzare anche i diritti sociali delle donne.[118]

L'opera del governo Sankara concesse quindi alle donne burkinabé molti diritti inesistenti nel resto del continente, si pensi alla possibilità di prendere a prestito denaro, possedere terreni, intraprendere un'attività economica. Si concesse alle donne non sposate o conviventi il diritto di ottenere unità catastali per costruire. Il CNR decise anche di abolire le restrizioni all'uso dei contraccettivi, previsti dalla legge francese che era ancora vigente.[119] "Negli ambienti accademici, l'emancipazione delle donne in Burkina Faso ha regredito dopo la morte di Sankara", sostiene Francis Simonis, docente di "Storia dell'Africa" all'Università di Aix-Marsiglia e professore di liceo a Bobo-Dioulasso durante l'era Sankara. Le studentesse di oggi sono meno liberate di quanto lo fossero le loro madri",[120] conclude.

[116] Batà Carlo, *L'Africa di Thomas Sankara. Le idee non si possono uccidere*, op. cit., pp. 77-78.
[117] Montanaro Silvestro, *Sankara - "…e quel giorno uccisero la felicità"*, op. cit.
[118] Rossi Davide, *Thomas Sankara. La Rivoluzione in Burkina Faso 1983-1987*, op. cit., p. 37.
[119] Batà Carlo, *L'Africa di Thomas Sankara. Le idee non si possono uccidere*, op. cit., p. 83.
[120] Lepidi Pierre, *Thomas Sankara, le féministe*, 2020, URL: https://www.lemonde.fr/afrique/article/2020/01/04/thomas-sankara-le-feministe_6024805_3212.html (consultato il 21/08/23).

2.5. Il disarmo e il debito estero

Sankara si ispirò spesso alla figura di Mahatma Gandhi, basti pensare alla battaglia per l'uso di costumi locali, ma non sempre condivise il suo totale pacifismo. Pensava che una certa dose di violenza fosse necessaria per imporre al popolo una buona politica.[121] Tuttavia, nonostante fosse un militare e avesse preso parte anche ad una guerriglia al confine tra il Burkina Faso e il Mali, Thomas Sankara abbracciò presto le tesi del pacifismo. Nel 1985 Sankara invocò il disarmo totale, proponendo ai Paesi africani di smettere di acquistare armi e di morire in guerre volute e provocate da Paesi esterni per protrarre l'arretratezza e la dipendenza del "continente nero".[122]

Era quindi favorevole ad un forte taglio delle spese militari, in favore di politiche economiche volte a cancellare le cause dei conflitti armati e capaci di redistribuire con maggiore equità le risorse mondiali. A New York, alle Nazioni Unite, affermò: "Ci sentiamo come una persona sola con il malato che ansiosamente scruta all'orizzonte di una scienza monopolizzata dai mercanti di armi. (…) Abbiamo l'obbligo di considerare la lotta per il disarmo un obiettivo permanente come presupposto essenziale al nostro diritto allo sviluppo".[123]

Thomas Sankara si dimostrò anche consapevole del pericolo delle armi "messe nelle mani" di militari senza coscienza: promosso infatti programmi di "coscientizzazione" per i suoi militari. Egli affermava che senza una coscienza potevano trasformarsi in potenziali e pericolosi assassini armati. A proposito, operò anche una riforma dell'esercito, promuovendo la partecipazione dell'esercito nella vita economica del Paese: "è il popolo che decide per la pace, quando non è possibile continuare la guerra, è il popolo che decide costi e funzioni dell'esercito. L'esercito non dev'essere un'aristocrazia al di sotto della quale c'è il popolo. Vogliamo rompere con questo sistema, e desideriamo riformare anche i gradi, perché i militari siano parte del popolo".[124]

Sankara decise per una netta rottura con la tradizione, che poneva le alte cariche dell'esercito in posizione di netto vantaggio rispetto alla popolazione. Coinvolse allora le caserme nella produzione agricola e industriale, con l'addestramento militare, ridotto da 18 a 12 mesi, che fu implementato a funzioni lavorative che occuparono circa il 75% del tempo totale. I risultati di questa politica furono notevoli. La nuova policy prevedeva inizialmente la costruzione di pollai e l'allevamento galline (un quarto per ogni soldato, come minimo). Il

---

[121] Boldrini Mariachiara, *Thomas Sankara, oltre il mito, op. cit.*
[122] Balma Lorenzo, *Thomas Sankara. Volti della storia*, URL: https://sites.google.com/view/spistoriapolitica informazione/volti-della-storia/thomas-sankara (consultato il 18/04/23).
[123] Batà Carlo, *L'Africa di Thomas Sankara. Le idee non si possono uccidere, op. cit.*, pp. 107-108.
[124] Cangiano Giuliano (a cura di), *Sostiene Sankara. Racconti disegnati di felicità rivoluzionarie, op. cit.*, p. 46.

risultato non solo venne raggiunto, ma anche superato, con caserme che raggiungevano mezzo pollo per persona a settimana o addirittura uno intero. Fu un vero e proprio successo economico che garantì un miglioramento delle condizioni alimentari e un importante abbassamento dei prezzi della carne bianca per la popolazione. Inoltre, ci fu anche un grande incremento della coltivazione di patate, raggiugendo la sovrapproduzione.

Ricordiamo una dei suoi discorsi più celebri, nel quale condanna duramente la compravendita di armi in Africa: "ogni volta che un paese africano compra un'arma è contro un africano. Non contro un europeo, non contro un asiatico. Contro un africano. Perciò dobbiamo, anche sulla scia della risoluzione del problema del debito, trovare una soluzione al problema delle armi. Sono militare e porto un'arma. Ma signor presidente, vorrei che ci disarmassimo. Perché io porto l'unica arma che possiedo, ma gli altri hanno nascosto le armi che pure portano. Allora, cari fratelli, con il sostegno di tutti, potremo fare la pace a casa nostra. (…) Facciamo in modo che a partire da Addis Abeba decidiamo di limitare la corsa agli armamenti tra paesi deboli e poveri. I manganelli e i machete che compriamo sono inutili".[125] Sankara non combatté solo contro le armi "materiali". Non pensava che il pericolo, per il suo Paese, provenisse solo dai machete, dai fucili o dai cannoni. Pensava che l'arma più devastante di tutte fossero le armi "immateriali": la finanza, il debito. Fu questa la sua battaglia più importante, il suo "pacifismo" più radicale.

Un grave problema per lo sviluppo del Burkina Faso, condiviso dalla maggior parte dei africani, era appunto il debito pubblico. Thomas Sankara considerava questo uno dei problemi più urgenti da affrontare: nel 1983 quello dell'Alto Volta era di 398 milioni di dollari, il 40% del PIL. Quattro anni dopo, tale cifra sarà raddoppiata. In tutto il continente africano, durante gli anni '80, il debito subì un rialzo, arrivando a superare quota 150 miliardi di dollari (il debito estero dei paesi africani superò il suo PIL), con molti paesi africani costretti a spendere fino ad un terzo del proprio PIL per ripagare i prestiti ricevuti.[126]

Fin da subito Thomas Sankara si oppose ai dettami degli organismi nati a Bretton Woods, il Fondo Monetario Internazionale e la Banca Mondiale. Si impegnò più volte per "internazionalizzare" il problema de debito estero, intervenendo sul tema in varie occasioni. Il discorso più significativo (e conosciuto) lo pronunciò due mesi e mezzo prima di essere ucciso, il 29 luglio 1987, quando in un intervento all'assemblea dell'Organizzazione per l'Unità Africana sfidò apertamente i colleghi africani ad assumere una posizione unitaria sul tema del debito: sapeva che, solamente uniti, potevano ottenere un vero risultato. Sankara era convinto che fosse impensabile per i paesi africani potessero saldare il debito estero. Tra l'altro, lo

---

¹²⁵ *Ibid.*
¹²⁶ Batà Carlo, *L'Africa di Thomas Sankara. Le idee non si possono uccidere*, op. cit., p. 101.

considerava un debito che non era nemmeno responsabilità dei governi africani, ma delle scelte economiche delle potenze coloniali, su consiglio delle stesse organizzazioni internazionali. Le sue argomentazioni affascinarono i partecipanti al vertice, i quali furono tuttavia incapaci di rompere con il sistema finanziario occidentale, causa forti timori sulle possibili conseguenze.[127]

Sankara analizzò il tema partendo dalle sue origini: era chiaro, come già detto, che essi imputava le origini del debito alle origini del colonialismo europeo: "quelli che ci hanno prestato denaro, sono gli stessi che ci avevano colonizzato. Sono gli stessi che gestivano i nostri stati e le nostre economie. Sono i colonizzatori che indebitavano l'Africa con i finanziatori internazionali che erano i loro fratelli e cugini. Noi non c'entriamo niente con questo debito".[128] Thomas Sankara considerava quindi il debito pubblico come una forma di neocolonialismo, con i colonizzatori che si erano trasformati in "assistenti tecnici". Condannava il debito, nella sua forma attuale, come una riconquista silenziosa e controllata del continente africano da parte dell'imperialismo. Dal vecchio schiavismo coloniale allo "schiavismo finanziario". L'obiettivo del governo sankarista era quindi chiaro: non pagare il debito perché, prima di tutto, era moralmente ingiusto. In secondo luogo, perché rimborsare il debito significava condannare il Paese a morte.

In un'intervista concessa alla rivista cubana "Bohemia" dichiarò: "è incredibile come si accusino i paesi africani di essere i responsabili del debito estero. Chi ha prodotto questo indebitamento? Non noi. Siamo stati noi a chiedere di bere Coca Cola? No. Poi oggi ci dicono che dobbiamo pagare".[129] Egli non era solamente contrario a ripagare il debito, ma assunse anche una posizione di netta contrarietà verso la politica monetaria, auspicando l'immediata uscita dal franco-CFA, la moneta comune a quasi tutte le ex-colonie francesi. A tal proposito, nel 1985, intervistato dallo scrittore camerunense Mongo Beti, il primo Presidente del Burkina Faso Thomas Sankara disse: "possiamo affermare che il franco Cfa, poiché è legato al sistema monetario francese, è un'arma per la dominazione degli africani. L'economia francese, e dunque la borghesia mercantile capitalista francese, ha costruito la sua fortuna sulle spalle dei nostri popoli attraverso questo legame, questo monopolio monetario".[130]

Sankara, nel suo importante discorso, rovesciò la narrazione: non era l'Africa a dover rimborsare l'Occidente, ma il contrario. Doveva essere l'Europa, semmai, a ripagare "il debito del sangue africano": "si parla del Piano Marshall che ha rifatto L'Europa economica. Ma non si parla mai del Piano africano che ha permesso all'Europa di far fronte alle orde hitleriane (…)

---

[127] Palumbo Enrico, *Thomas Sankara e la rivoluzione interrotta*, 2017, URL: https://www.thomassankara.net/thomas-sankara-e-rivoluzione-interrotta/?lang=it (consultato il 27/04/23).

[128] *Interview de Thomas Sankara réalisée par Mongo Beti il 3 novembre 1985*, URL: https://www.thomas sankara.net/interview-de-thomas-sankara-realisee-par-mongo-beti/ (consultato il 09/05/23).

[129] Batà Carlo, *L'Africa di Thomas Sankara. Le idee non si possono uccidere*, op. cit., p. 103.

[130] *Interview de Thomas Sankara réalisée par Mongo Beti il 3 novembre 1985*, op. cit.

Chi ha salvato l'Europa? L'Africa. (…) Se gli altri non possono cantare le nostre lodi, noi abbiamo almeno il dovere di dire che i nostri padri furono coraggiosi e che i nostri combattenti hanno salvato l'Europa e alla fine hanno permesso al mondo di sbarazzarsi del nazismo".[131]

Le richieste di Sankara non erano, in alcun modo, un "attacco" diretto ai cittadini europei, anzi, pensava che le masse popolari in Europa fossero sfruttate nello stesso modo in cui venivano sfruttate le masse popolari africane. Nella fase finale del discorso ad Addis Abeba pronunciò, infine, una drammatica previsione. Avvertì il mondo intero che, se solamente il Burkina Faso si fosse pronunciato contro il pagamento del debito, lui non sarebbe stato presente alla successiva conferenza. E così fu. Secondo Padre Alex Zanotelli, Thomas Sankara colse in maniera corretta, insieme a Nyerere, "il vile gioco che viene fatto con il debito, un gioco che strozza i paesi del sud del mondo…". Nyerere, nel 1988, a Nairobi diceva infatti che "è immorale per i paesi poveri pagare il debito, perché non sono i governi che lo pagano, sono i poveri che lo pagano morendo".[132]

Con l'imponente campagna promossa da Sankara per abbattere i privilegi e contrastare la corruzione della pubblica amministrazione, il bilancio del Burkina Faso riuscì ad andare in pareggio senza doversi rivolgere al Fondo Monetario internazionale. Egli non solo rifiutò gli aiuti del FMI (rifiutò di firmare un programma di aggiustamento strutturale), ma anche i prestiti della Banca Mondiale, preoccupato dal controllo politico che ne sarebbe scaturito.[133] Il tema del debito estero è un problema anche oggi per i paesi africani? Il debito pubblico dei paesi africani è un problema tutt'altro che obsoleto, ma straordinariamente attuale.

Il 19 dicembre 2022 il Ghana ha annunciato la sua intenzione di andare in default, causa problemi enormi con il debito. Non è il primo paese africano a farlo dall'inizio della crisi pandemia: Zambia e Mali hanno dichiarato fallimento rispettivamente nel 2020 e nel 2022; l'Etiopia, pur continuando a pagare il proprio debito, ha annunciato la sua ristrutturazione nel 2021, anno in cui anche il Ciad ha avviato simili procedure. Anche l'Angola, nel 2020, è ricorsa alle medesime decisioni.

Dopo più di 25 anni dalla morte di Sankara, Il tema del debito è quindi tornato al centro dell'attenzione nel dibattitto economico e politico africano. I dati del Fondo Monetario internazionali sono chiari e illustrano una situazione nella quale la maggior parte dei paesi africani ha ricominciato ad accumulare debito (ha superato il 60% del PIL) per investire in

---

[131] Estratto del discorso sul debito pubblico tenuto da Thomas Sankara all'Organizzazione per l'Unita Africana. Addis Abeba, Etiopia, 1987, in Cangiano Giuliano (a cura di), *Sostiene Sankara. Racconti disegnati di felicità rivoluzionarie, op. cit.*, pp. 42-47.
[132] Batà Carlo, *L'Africa di Thomas Sankara. Le idee non si possono uccidere, op. cit.*, p. 8.
[133] Sankara Thomas, *I discorsi e le idee, op. cit.*, p. 119.

infrastrutture e spesa sociale, oltre a far fronte alle conseguenze negative date dalla pandemia globale e dalle ripercussioni internazionali della guerra in Ucraina.[134]

Nel "Regional Economic Outlook" dell'ottobre del 2022 il Fondo monetario internazionale ha posto come priorità per l'Africa il consolidamento delle finanze pubbliche (suggerendo una politica di austerità) sottolineando come il debito si avvicini ormai a livelli dei primi anni 2000, cioè prima della promozione dell'iniziativa per gli "Heavily indebted poor countries" (HIPC), l'iniziativa promossa dal FMI dal 1996 per la cancellazione del debito dei paesi poveri.[135] Lo stesso Burkina Faso, oggi, sta attraversando un periodo di forte rialzo del debito pubblico sfiorando, nel 2022, il dato allarmante del 60% del PIL.

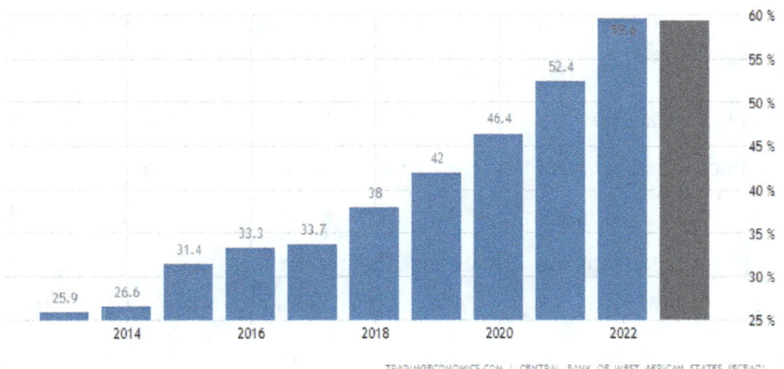

Figura 7: Burkina-Faso - Debito pubblico (% del PIL*)*, in *Trading Economics*, URL: https://it.tradingeconomics.com/burkina-faso/government-debt-to-gdp (consultato il 22/05/23).

---

[134] Pellegrini Giulia, *Debito in crescita. Torna l'ostacolo più grande allo sviluppo africano?*, 2023, URL: https://www.ispionline.it/it/pubblicazione/debito-in-crescita-torna-lostacolo-piu-grande-allo-sviluppo-africano-124165 (consultato il 07/05/23).

[135] International Monetary Fund, *Regional Economic Outlook. Sub-Saharan Africa*, Washington D.C., IMF, Ottobre 2022, pp. 7 ss.

2.6. Le critiche al modello occidentale di cooperazione allo sviluppo

Durante gli anni '70 gli aiuti esteri verso l'Alto Volta erano in continuo aumento, una percentuale che era arrivata a circa il 20% del PIL del Paese. Le donazioni internazionali, tuttavia, erano gestite in modo pessimo. Si registrarono scandali, corruzione, favoritismi. Gli aiuti alimentari finivano nelle mani del mercato nero, gestiti da amici e parenti dell'élite che deteneva il potere.[136] Thomas Sankara aveva in mente un modello di cooperazione allo sviluppo differente, che si basasse innanzitutto sullo sradicamento della mentalità dell'assistito, che secondo lui non poteva far altro che peggiorare la condizione socioeconomica del popolo burkinabé. Criticava il modello occidentale pensando che "aiuto dovesse innanzitutto aiutare a eliminare l'aiuto",[137] attaccando così una cooperazione autoreferenziale che vive di quello che dovrebbe essere l'aiuto verso i paesi poveri.

Sicuramente la sua filosofia era d'accordo nell'attribuire importanza alla cooperazione internazionale, necessaria per risollevare il Paese dai danni del colonialismo. Sankara pensava, tuttavia, che gli aiuti occidentali servissero in via prioritaria alle imprese del Nord del mondo, condannando gli stipendi elargiti agli esperti del settore: buste paga che sarebbero bastate ognuna per costruire una scuola in Burkina Faso. Per difendere l'autonomia del Burkina, furono varie le occasioni in cui vennero apertamente sfidati i cosiddetti "donatori", rischiando ogni volta di perdere fondi destinati al Paese. Si pensi agli avvertimenti statunitensi, i quali chiesero espressamente al capo del governo sankarista di smettere di denunciare la politica estera di Washington in Centro-America o la conseguenza sarebbe stata una revisione degli aiuti al suo Paese.

L'obiettivo di Thomas Sankara era quello che i donatori affidassero direttamente al popolo burkinabé i fondi, estromettendo quindi quei costosi intermediari, ovvero il personale burocratico e tecnico della cooperazione. Nel sottolineare la necessità di una partecipazione più attiva ai progetti di sviluppo, Sankara sosteneva: "se realizzassimo noi stessi i progetti di sviluppo, impareremmo ad autogestire la nostra ricostruzione. Se invece sono i superesperti della FAO che decidono e fanno tutto, ignorandoci, noi incrociamo le braccia e restiamo come prima".[138] Il presidente burkinabé si domandava anche come fosse possibile che, in alcune parti del mondo, la tecnologia avanzata consentisse la coltivazione anche di zone anguste, mentre in altre sembrava che non si potesse fare nulla, se non aspettare gli aiuti alimentari, che egli definì "inutili e imbevuti di colonialismo".[139]

---

[136] Batà Carlo, *L'Africa di Thomas Sankara. Le idee non si possono uccidere*, op. cit., pp. 22 e 24.
[137] Sankara Thomas, *I discorsi e le idee*, op. cit., p. 121.
[138] Batà Carlo, *L'Africa di Thomas Sankara. Le idee non si possono uccidere*, op. cit., pp. 106-107.
[139] *Ibid.*

Edgard Pisani disse, dopo la morte di Thomas Sankara: "Sognava un altro sviluppo… aveva per gli uomini e soprattutto per le donne del suo Paese una considerazione, una fiducia commoventi".[140] Sankara arrivò alla conclusione sugli aiuti umanitari cui arrivò anche Nigrizia, la rivista dei missionari colombiani, che sempre negli anni '80 si scontrò con il governo italiano sul tema della cooperazione allo sviluppo. Secondo Sankara "la politica degli aiuti è servita fino ad oggi solo ad asservirci, a distruggere la nostra economia".[141] Idee che portarono Nigrizia allo scontro con il governo Andreotti. Sankara e Nigrizia arrivarono quindi alle stesse conclusioni, senza tra l'altro che vi fosse stata un'influenza reciproca.

Come sottolineato da Àlex Meyer Verdejo, fu così che, dopo la cosiddetta "Rivoluzione d'Agosto", il Burkina Faso cambiò radicalmente il proprio modello di cooperazione allo sviluppo, rifiutando "diktat esterni" e cercando di organizzarsi in modo coerente con il proprio contesto socioeconomico locale.[142] Non stupisce quindi che i privilegiati della cooperazione internazionale non amassero Sankara. Nel 1986, il francese Jean-Michel Filori, delegato del Fondo europeo di sviluppo del Burundi, disse addirittura "Ce fou de Sankara", ovvero "Quel matto di Sankara". Nel 1986 furono addirittura arrestati e condannati a 15 anni di carcere tre funzionari stranieri che lavoravano per enti di cooperazione. L'accusa dei TPR fu quella di aver sottratto sei miliardi e mezzo di franchi CFA alla collettività e di averli depositati su alcuni conti correnti segreti in Svizzera.[143]

Il sociologo ed ingegnere Alfred Sawadogo fu scelto personalmente da Thomas Sankara per creare l'ufficio che gestiva il lavoro svolto dalle ONG in Burkina Faso (i numeri parlano di più di seicento organizzazioni). L'obiettivo fondamentale, ed innovativo, era quello che l'aiuto fornito da queste organizzazioni potesse essere un vero aiuto che responsabilizzasse gradualmente la popolazione e non un aiuto permanente con cui il popolo burkinabé avesse potuto vivere solo grazie ad esso. Un esempio pratico del successo di questo modello di cooperazione viene sottolineato dallo stesso Sawadogo.

Dato che in Burkina Faso la stagione delle piogge dura solo tre o quattro mesi, Sawadogo sottolinea che era strategico riuscire a prolungare i tempi di produzione grazie alla costruzione di bacini idrici e dighe: "il problema numero uno in un Paese come il Burkina Faso è quello della produzione agricola. Le persone devono produrre per nutrirsi per dodici mesi. L'estensione della produzione era davvero un impegno che il governo aveva preso all'epoca, ma sono stato io a trasmetterlo alle ONG. Le ONG hanno capito perfettamente e hanno

---

[140] Sankara Thomas, *Il presidente ribelle, op. cit.*, p. 8.

[141] Batà Carlo, *L'Africa di Thomas Sankara. Le idee non si possono uccidere, op. cit.*, p. 7.

[142] Meyer Verdejo Àlex, *La coopération au développement selon Thomas Sankara*, 2020, URL: https://www.thomassankara.net/la-cooperacion-al-desarrollo-segun-thomas-sankara/ (consultato il 26/04/23).

[143] Batà Carlo, *L'Africa di Thomas Sankara. Le idee non si possono uccidere, op. cit.*, pp. 15 e 39.

contribuito alla costruzione di circa 300, o anche più di 300 bacini idrici. Era un momento in cui il movimento associativo stava facendo un lavoro utile".[144]

Sawadogo racconta di come ai tempi vi fosse spesso un eccesso di scetticismo da parte dei "rivoluzionari" verso tutto ciò che arrivava da Occidente. Le ONG venivano viste come dei veri e propri agenti del colonialismo, ma Thomas Sankara capì le potenzialità di un nuovo modello di aiuti allo sviluppo. Un nuovo modello di governo definito dal professore burkinabé Apollinaire J. Kyélem de Tambèla "sviluppo egocentrico". Alfred Sawadogo, negli anni successivi alla rivoluzione, ha girato più di 40 paesi per spiegare il successo del suo lavoro in Burkina Faso. Perfino l'Onu lo ha chiamato a New York per spiegare il successo del suo sistema.

La rivoluzione di Sankara ebbe allora anche il pregio di inventare un modello innovativo di cooperazione allo sviluppo, con risultati molto più importanti e soddisfacenti rispetto al tradizionale modello di cooperazione e a quello che sarà dopo l'uccisione di Thomas Sankara, quando Blaise Compaoré abbandonò la politica "rivoluzionaria" per abbracciarne una maggiormente dipendente dai "diktat esterni" della BM e del FMI. Fu, per esempio, abbandonata la verifica del lavoro delle ONG. Oggi l'ufficio ufficialmente esiste ancora ovviamente non è più Sawadogo a gestirlo, che lo critica duramente: "Una struttura come questa è totalmente inutile se si trova al terzo piano di un ministero. È un servizio per gli agricoltori per presentare i loro dubbi e cercare opportunità. Ora si raccolgono solo le segnalazioni delle ONG, trovo che non abbia più alcun valore. Questa istituzione ha perso completamente la sua vocazione".[145]

2.7. I rapporti internazionali del Burkina Faso tra il 1983 e il 1987

Nell'ottica sankarista i rapporti internazionali assumevano un'importanza fondamentale. Essi erano soprattutto funzionali a raggiungere un obiettivo di lungo termine, ovvero costruire un nuovo ordine economico internazionale, basato su una più equa distribuzione delle risorse e su un commercio più bilanciato tra il nord e il sud del mondo. Thomas Sankara spesso esortò i paesi africani a non essere complici del potere finanziario internazionale e a collaborare per raggiungere la via di uno sviluppo duraturo.[146]

---

[144] Meyer Verdejo Àlex, *La coopération au développement selon Thomas Sankara, op. cit.*
[145] *Ibid.*
[146] Batà Carlo, *L'Africa di Thomas Sankara. Le idee non si possono uccidere, op. cit.*, pp. 109-110.

Ancora oggi, i rapporti tra Thomas Sankara e Cuba non sono chiari, questo anche perché non si conoscono le effettive parole di Fidel Castro. Sicuramente apprezzò Thomas Sankara e molte fonti rivelano che a Cuba i responsabili delle relazioni politiche con l'Africa conservavano di lui un'immagine molto positiva. Il primo incontro tra Sankara e Castro vi fu ancor prima che il primo diventi presidente. Avvenne durante il settimo vertice dei paesi non allineati, dal 7 al 12 marzo del 1983 tenutosi a Nuova Delhi, in India. Egli rappresentò l'Alto Volta in qualità di primo ministro.[147]

A New Delhi, Thomas Sankara tenne un importante discorso, rifiutando il concetto tout cour di non allineamento come posizione equidistante tra il blocco detto "socialista" attorno all'Unione Sovietica e il blocco dei paesi occidentali: "contrariamente all'interpretazione restrittiva e semplicista che l'imperialismo vuole imporci come definizione del non allineamento, questo non ha nulla a che vedere con un'equidistanza aritmetica dei due blocchi che dominano il mondo (…) il non allineamento deve essere compreso innanzitutto come nostra autonomia permanente di decisione e per la non ingerenza negli affari interni dello stato ma (…) non confondiamo il non allineamento con la complicità della passività davanti ai crimini dell'imperialismo contro l'indipendenza e la libertà dei popoli, né la non ingerenza con l'accecamento davanti ai crimini delle forze reazionarie contro la libertà del loro popolo e il rispetto dei loro diritti".[148]

Thomas Sankara e Fidel Castro passarono una notte a discutere, dandosi appuntamento per un futuro, come riportò Jean Ziegler, che rivelò la sua testimonianza: "apprenderò due anni dopo, a La Havana quanto sia stata forte l'impressione prodotta da Sankara su Fidel Castro. È Carlos Raffael Rodriguez, primo vicepresidente del Consiglio di Stato cubano e sottile osservatore delle crepe e spaccature del terzo mondo a raccontarmi di quella notte".[149] Per quanto riguarda il tema dell'annullamento del debito, vi fu un asse parallelo tra Sankara e Castro? Il discorso più famoso e dirompente di Sankara fu sicuramente quello contro il debito, pronunciato dal giovane leader burkinabé il 29 luglio 1987 in occasione di un incontro dell'OUA. Il suo appello per creare un fronte unito di paesi africani per ottenere l'annullamento del debito risulta oggi, tra l'altro, molto attuale, vista la costante crisi del debito sovrano nel continente europeo.

[147] Jaffré Bruno, *Fidel Castro - Thomas Sankara, Cuba - Burkina, des liens encore méconnus*, 2016, URL: https://blogs.mediapart.fr/bruno-jaffre/blog/051216/fidel-castro-thomas-sankara-cuba-burkina-des-liens-encore-meconnus (consultato il 17/04/23).

[148] Sankara Thomas, *Discours prononce au Sommet des Non alignés de New Delhi en mars 1983*, 2007, URL: http://thomassankara.net/discours-prononce-au-sommet-des-non-alignes-de-new-delhi-en-mars-1983/ (consultato il 09/04/23).

[149] Jaffré Bruno, *Fidel Castro - Thomas Sankara, Cuba - Burkina, des liens encore méconnus*, op. cit.

Lo stesso Fidel Castro, a Nuova Delhi, pronunciò un importante discorso nel quale annuncia di "lottare per l'annullamento del debito dei numerosi paesi che non hanno la benché minima possibilità reale di estinguerlo e per la riduzione drastica del costo del servizio per coloro che, in nuove condizioni, potrebbero rispettare i loro impegni".[150] Non fu l'unica presa di posizione contro il debito del "lider maximo": il 3 agosto 1985 dichiarò, durante l'incontro sul debito estero dei paesi dell'America latina e dei Caraibi, "che in definitiva la parola d'ordine di annullamento del debito era valida per tutti i paesi del terzo mondo".[151]

La prima visita ufficiale di Sankara si svolse dal 25 settembre al 1° ottobre 1984, quando soggiornò per la prima volta a Cuba. Questa importante visita precedette il famoso discorso di Thomas Sankara all'ONU, nel quale citò espressamente Castro. In quei giorni, Thomas Sankara, insieme ad una delegazione governativa burkinabé, visitò il Paese, dai siti storici cubani ai centri di produzione e organizzò vari incontri. Fece anche visita all'isola della gioventù incontrando alunni di diversi paesi, di cui molti provenivano dalla Namibia, prima di assistere a una festa nella quale si esibirono dei bambini burkinabé, il gruppo dei Petits Chanteurs au Poing Levé.

Figura 8: Il "lider maximo" Fidel Castro decora Thomas Sankara con la medaglia dell'ordine di José Martì nel settembre 1984, in Jaffré Bruno, *Fidel Castro - Thomas Sankara, Cuba - Burkina, des liens encore méconnus, op. cit.*

Al termine della prima visita, i due leader produssero un comunicato congiunto, dal forte valore politico: espressero pieno sostegno al Nicaragua, denunciarono l'imperialismo, diedero

---

[150] *Ibid.*
[151] *Ibid.*

la loro solidarietà rivoluzionaria con il popolo vietnamita, condannarono fermamente l'apartheid di Israele ed evidenziarono l'importanza dell'Organizzazione dell'Unità africana. Un interessante aneddoto sulla visita fu confidato da Etienne Zongo, l'aiutante di campo di Thomas Sankara: "siamo stati a Cuba nel 1984. Si sono salutati, Fidel è molto più alto (…) quando si vedono, dopo l'accoglienza parlano un po' e poi vengono accompagnati alla residenza. Vengono fermati su un fiume, su un ponte. Mi ricordo che ci sono stati circa 40, 50 minuti nei quali Fidel Castro ha parlato dei possibili effetti positivi della coltivazione di soia in Burkina. Ero impressionato nel vedere una tale forza di convincimento. E quando sono tornati, Thomas Sankara ha incoraggiato le persone a coltivare la soia".[152]

La seconda visita di Thomas Sankara a Cuba avvenne nel novembre 1986. Si fermò di nuovo a Cuba di ritorno dal Nicaragua dove partecipò al festival del 25 anniversario del fronte sandinista di liberazione nazionale (FSLN). È lui che fu scelto per pronunciare il discorso a nome di tutte le delegazioni straniere, visto che si dimostrò uno dei politici più attivi nel sostegno al Nicaragua e nella condanna delle aggressioni dei "Contras" sostenuti dagli USA. Nell'agosto del 1986 il presidente del Nicaragua Ortega fu ricevuto in visita ufficiale a Ouagadougou: Sankara gli conferì la "Croce d'Oro di Nahouri", la massima onorificenza del Burkina Faso. A proposito, secondo Manuela Canavesi, la rivoluzione sandinista in Nicaragua, così come l'esperienza rivoluzionaria cubana lo fu a sua volta per il Fronte Sandinista di liberazione nazionale (FSLN), fu tra i principali ispiratori di Thomas Sankara.[153]

Grazie a queste relazioni, nacque una politica di cooperazione molto importante tra Burkina Faso e Cuba. Il 21 dicembre 1983 fu firmato un accordo che istituì una commissione mista di cooperazione tra il Burkina e Cuba. Poco dopo nacque un altro accordo di cooperazione nel luglio 1984 sulla produzione industriale di zucchero, sanità, agricoltura, educazione, trasporti. L'accordo incluse, inoltre, che Cuba partecipasse all'ingrandimento dell'aeroporto burkinabé di Bobo-Dioulasso. Un nuovo patto fu firmato nel 1987, negli stessi ambiti, ma fu esteso anche agli ambiti delle ferrovie e della ceramica. In seguito, Cuba uscì dal progetto dell'aeroporto di Bobo Dioulasso, che ancora oggi risulta non costruito. La ragione più accreditata del disimpegno cubano fu l'impegno sempre più forte di Cuba in Africa australe, soprattutto a fianco del Movimento Popolare di Liberazione dell'Angola (MPLA).

Un altro accordo tra i Paesi prevedeva l'invio di 600 giovani burkinabé, tra i quali 135 ragazze, per studiare nelle scuole cubane. Furono selezionati tra gli orfani e gli alunni più poveri del Paese: la maggior parte di loro restarono a Cuba per circa sette anni e ottennero diplomi tecnici superiori, mentre gli studenti che ebbero i migliori risultati scolastici proseguirono gli

---

[152] *Ibid.*
[153] Batà Carlo, *L'Africa di Thomas Sankara. Le idee non si possono uccidere*, op. cit., pp. 115-116.

studi per più tempo. Spesso si legge di Thomas Sankara come il "Che Guevara africano". Bruno Jaffré, importante studioso di Sankara, fu colpito subito da alcuni tratti comuni leggendo la biografia del Che. "Entrambi erano molto esigenti con i loro collaboratori che malmenavano senza rimorsi, imponendo loro ritmi di lavoro molto duri e delle scadenze quasi impossibili da rispettare. I loro collaboratori sono, ai loro occhi, dei privilegiati. Se sono rivoluzionari, vuol dire che hanno avuto fortuna a essere al centro del cambiamento in un periodo storico e devono quindi dare tutto se stessi. È urgente risollevare il popolo dalla miseria. Il resto viene dopo (…). Entrambi accordano una cieca fiducia nel popolo. Una fiducia che potremmo definire idealista. Ma in realtà per loro le condizioni di vita e le mentalità si nutrono in modo dialettico. È sufficiente migliorare le condizioni di vita del popolo, perché cambi la loro mentalità, verso una maggiore solidarietà e umanità. E il cambiamento di mentalità è indispensabile per andare avanti con risolutezza e portare la rivoluzione al successo. (…) entrambi si sono sacrificati fino al midollo per la felicità del loro popolo, per le loro idee".[154]

L'8 ottobre 1987, il Burkina organizzò a Ouagadougou una cerimonia che celebrava la vita rivoluzionaria di Che Guevara, morto 20 anni prima. Fu presente una delegazione cubana composta da Camilo Guevara, il figlio del Che. Thomas Sankara pronunciò un discorso in quell'occasione per onorarlo: "Il Che è per noi innanzitutto la forza di convincimento, il convincimento rivoluzionario, la fede rivoluzionaria in quello che fai, la convinzione che la vittoria ci appartenga, che la lotta sia il mezzo a cui ricorrere. Il Che è anche l'umanità. Umanità: questa generosità che si esprime, questo dono di sé che ha reso il Che non solo un combattente argentino, cubano, internazionalista, ma anche un uomo pieno di amore. Il Che è anche l'esigenza. Esigenza di colui che ha avuto fortuna di nascere in una famiglia agiata, ma che ha saputo dire no alle sue tentazioni, che ha saputo voltare le spalle agli agi, per affermarsi, al contrario, come un uomo che sposa la causa della miseria degli altri. L'esigenza del Che: ecco quello che ci deve ispirare maggiormente. Ecco perché la convinzione, l'umanità, l'esigenza fanno di lui il Che".[155]

Nonostante l'immaginario comune possa deviarci, non si incontrarono mai, Thomas Sankara morì quasi 20 anni dopo il Che. Ma entrambi incarnarono, secondo Jaffré un "romanticismo rivoluzionario", con tratti simili ma anche molto diversi. Se Guevara ebbe uno spirito rivoluzionario molto più internazionalista, Sankara, come sostenne Valérie Somé (un politico burkinabé molto vicino all'ex presidente), nonostante sviluppò una reale solidarietà nei confronti dei popoli in lotta, la sua battaglia e il suo sogno erano risollevare le sorti e la dignità del Burkina Faso. Sicuramente, però, i valori morali di Che Guevara e l'aver applicato a se

---

¹⁵⁴ Jaffré Bruno, *Fidel Castro - Thomas Sankara, Cuba - Burkina, des liens encore méconnus, op. cit.*
¹⁵⁵ *Ibid.*

stesso quello che predicava, furono fattori che influirono molto sul giudizio di Sankara (il quale intitolò anche una strada della capitale al rivoluzionario cubano).[156]

Sankara era anche profondamente legato da un'amicizia con il presidente Kim Il Sung e con il popolo della Repubblica Popolare Democratica di Corea. Il soggiorno di Sankara a Pyongyang fu molto caloroso e portò ad un doppio accordo: la realizzazione di due teatri popolari nella capitale e a Koudougou su progetti coreani e la pubblicazione di molti libri in lingua francese per far fronte all'assenza di una industria libraria in Burkina Faso. In seguito all'accordo arriveranno una enorme quantità di libri didattici e politici.[157] Oltre alla vicinanza con il sandinismo, già sottolineata in precedenza, Sankara si diceva vicino a tutti i movimenti latino-americani che lottavano contro l'imperialismo, ma anche ai popoli di Timor Est, di Irlanda e dell'Afghanistan, "tutti alla ricerca di una serenità ispirata dalla loro dignità e dalle loro norme culturali".[158]

Sankara ebbe anche importanti relazioni con movimenti indipendentisti quali quello palestinese e sahrawi, oltre ad aver appoggiato i movimenti indipendentisti della Nuova Caledonia (si dichiarò anche per l'appartenenza di Mayotte, rimasta alla Francia, alle Isole Comore e dell'arcipelago Malagasy al Madagascar). Relazioni che lo portarono a condannare in varie occasioni le politiche di Israele e del Marocco, oltre ovviamente a quelle francesi e statunitensi.

Per quanto riguarda la Repubblica Araba Saharawi Democratica, il Burkina Faso ne chiese la presenza permanente alle riunioni dell'OUA. Dopo il riconoscimento ufficiale, nell'aprile 1984, Sankara fu il primo capo di stato ad effettuare una visita nel paese. Nel difendere il popolo palestinese disse "che un'umanità inumana ha scelto di sostituire con un altro popolo, solo ieri martirizzato".[159] Il presidente burkinabé accusò il sionismo di voler "annientare il popolo arabo" con l'aiuto militare e logistico degli USA e appoggiò senza riserve il diritto per il popolo palestinese ad avere una propria nazione. A maggio del 1986, il leader del OLP, Yasser Arafat, fu ricevuto a Ouagadougou con gli onori riservati di solito ad un capo di stato. Con il blocco socialista i rapporti non furono sempre così eccellenti: Sankara vedeva nell'URSS un tentativo di penetrare nella regione africana più che un vero sforzo di operare un cambiamento.

Il "socialismo non allineato" di Sankara fu evidente anche quando condannò l'invasione sovietica in Afghanistan. A proposito, le parole di Sankara (espresse quando il suo Paese era membro del Consiglio di sicurezza dell'ONU) secondo cui il compito del Burkina Faso era

---

[156] Batà Carlo, *L'Africa di Thomas Sankara. Le idee non si possono uccidere*, op. cit., p. 119.
[157] Rossi Davide, *Thomas Sankara. La Rivoluzione in Burkina Faso 1983-1987*, op. cit., p. 23.
[158] Batà Carlo, *L'Africa di Thomas Sankara. Le idee non si possono uccidere*, op. cit., p. 114.
[159] Batà Carlo, *L'Africa di Thomas Sankara. Le idee non si possono uccidere*, op. cit., p. 94.

"rappresentare i Paesi non allineati. Possiamo tacere quando una grande potenza attacca un piccolo paese oppure quando uno Stato ne invade un altro? (…) siamo stati attaccati da sinistra a destra, da est a ovest".[160] Il presidente burkinabé denunciò anche l'aiuto "scandalosamente insufficiente" dato dall'Unione Sovietica alle lotte di liberazione dei popoli dei paesi poveri. Nel 1985, sulle pagine del quotidiano burkinabé "Sidwaya", disse: "se Lenin avesse potuto vedere quello che stiamo facendo, ci avrebbe aiutato".[161]

Figura 9: Thomas Sankara a Mosca nel 1986 col ministro degli esteri russo Andrej Gromyko, in Viaggi e Pianoforte, *Thomas Sankara. Il "Che Guevara Africano"*, op. cit.

Emblematica della visione di Sankara fu la visita di stato della delegazione burkinabé in URSS, nel 1986. Ecco le parole di Thomas Sankara in merito: "…Mentre ero a Mosca, mentre ero in Unione Sovietica, ci hanno fatto visitare molti luoghi storici, molti musei ma anche la "città delle stelle", dove i sovietici formano i loro cosmonauti. Ci hanno fatto visitare le navicelle spaziali, confesso che è impressionante. Loro conoscono molte cose. Non parlano più con la Terra, loro parlano già con la Luna. Poi, come d'abitudine mi hanno chiesto di firmare il libro d'oro. L'ho firmato, ovviamente! Ci hanno chiesto di andare ad ammirare questo e quello. Noi abbiamo ammirato, ovviamente! Ci hanno chiesto di inchinarci davanti la statua di Gagarin. Noi ci siamo inchinati. Ovviamente! E con questo hanno considerato la visita finita. No, ho detto loro, non è ancora tutto compagni, aspettate! Va tutto molto bene, siamo contenti. Vi facciamo i complimenti, è un progresso scientifico. E quando tutto questo sarà al servizio dei

---

[160] Batà Carlo, *L'Africa di Thomas Sankara. Le idee non si possono uccidere*, op. cit., p. 115.
[161] Batà Carlo, *L'Africa di Thomas Sankara. Le idee non si possono uccidere*, op. cit., p. 121.

popoli, sarà veramente meraviglioso. Ma io vorrei chiedervi una cosa… Due posti. È necessario che voi prevediate due posti per formare i burkinabé. Anche noi vogliamo andare sulla Luna… (risate e applausi). Vogliamo andare lassù! La cooperazione deve dunque iniziare. E lo diciamo seriamente. Noi vogliamo inviare le persone sulla Luna. Così ci saranno gli Americani, ci saranno i russi, qualche altro paese… Ma ci sarà anche il Burkina…"[162]

Il Burkina Faso di Thomas Sankara ebbe anche importanti, seppur controversi, rapporti con due importanti partiti europei, il Partito comunista francese e il Partito comunista italiano.[161 b]

Il PCF, il partito comunista francese, giudicò immediatamente in maniera positiva l'ascesa al potere di Thomas Sankara, sottolineando la composizione di "sinistra" del suo governo di cui facevano parte molti politici marxisti della LIPAD (Ligue patriotique pour le développement) oltre ad elogiarne l'organizzazione rivoluzionaria, basata sulla rete dei Comité de défense de la Révolution (CDR). Vi fu quindi un avvicinamento del PCF alla LIPAD: questo scenario poteva rappresentare un buon punto di contatto con Sankara, grazie alla presenza di ministri di questo movimento politico nel nuovo esecutivo. Il Partito comunista francese, che sosteneva ancora il governo Mitterrand, avrebbe quindi dovuto giocare un ruolo diplomatico importante con il Burkina Faso, date le pessime relazioni tra Ouagadougou e Parigi.

L'ottobre del 1983 il Capo di Stato burkinabé si recò a Parigi in visita ufficiale, insieme al ministro delle comunicazioni Philippe Ouédraogo, comunista della LIPAD. Sankara riuscì così ad incontrare Gaston Plissonnier, importante dirigente del PCF, nella sede del partito. Plissonnier insistette sull'importanza e sul valore della politica nazionale del PCF per l'Africa subsahariana, ma Sankara fece emergere la sua grande delusione nei confronti del governo progressista francese, che, nonostante le grandi speranze che aveva suscitato, non era riuscito a soddisfarle. Nonostante le aspre critiche espresse, Tom Sank fu considerato un vero antimperialista e fu sinceramente apprezzato dai suoi interlocutori.

La salita al potere di Sankara provocò una grande fiducia nei comunisti francesi, i quali auspicavano che si potessero imprimere le riforme necessarie arrestare il sottosviluppo e lottare contro la fame nel paese africano. L'Association française d'amitié et solidarité avec les peuples d'Afrique (AFASPA), gestita dallo stesso PCF e da alcuni dei suoi dirigenti più competenti sui

---

[162] Rossi Davide, *Thomas Sankara. La Rivoluzione in Burkina Faso 1983-1987, op. cit.*, p. 17.
[161b] Siracusano, Gabriele, *La fine di un miraggio politico. Lo sguardo del PCI e del PCF sull'Africa subsahariana francofona indipendente (1960-1984). Nuove visioni e prospettive africane dei comunisti occidentali*, PhD Thesis, Université Panthéon - Sorbonne Paris I e Università degli studi di Roma Tor Vergata, 2020.

temi africani, organizzò alcune iniziative in Alto Volta, attraverso missioni per l'alfabetizzazione della popolazione.

Nell'autunno del 1984, tuttavia, qualcosa mutò: i comunisti francesi persero fiducia verso la figura di Sankara. La causa scatenante fu la presenza di alcuni politici libici a Ouagadougou. Le difficili relazioni della Francia con la Libia di Gheddafi, con la quale Parigi era in guerra in Ciad, influenzarono molto negativamente il giudizio del PCF, preoccupati per una possibile instaurazione di una dittatura militare in Burkina Fasò (appena rinominato così da Sankara). Un altro fattore che provocò preoccupazione negli ambienti comunisti parigini fu la confusione ideologica del governo burkinabé, in cui convivevano la LIPAD, il Rassemblement des officiers communistes (ROC, fondato da Sankara e Blaise Compaoré) e l'Union de la lutte communiste (formato da esponenti filo-cinesi). Secondo la versione del PCF si erano formate varie tensioni e divisioni tra i vari gruppi che sostenevano il governo e gli stessi Comitati di difesa della Rivoluzione non riuscivano a gestire la situazione a causa della loro complessa eterogeneità politica. Inoltre la situazione economica del Paese, sempre secondo i comunisti francesi, era grave e non diminuiva a causa della siccità e della decisione dell'esecutivo di non chiedere altri prestiti alle istituzioni finanziarie internazionali. Tuttavia, questa critica percezione della situazione del Paese fu sicuramente influenzata dai difficili rapporti tra Sankara e la LIPAD, ormai esclusa quasi totalmente dal governo dopo un "rimpasto di governo" nell'estate del 1984 (due ex-ministri del LIPAD erano stati addirittura incarcerati con diverse accuse tra le quali quella di corruzione).

Le critiche del PCF verso Thomas Sankara arrivarono, tra l'altro, in un contesto politico molto delicato per la politica interna dei comunisti francesi, che vide la fine dell'alleanza di governo con i socialisti di Mitterand e dalla caduta dell'esecutivo Mauroy nel luglio '84.

La presidenza di Thomas Sankara fu analizzata attentamente anche dai comunisti italiani, i quali videro la sua presa di potere e le sue politiche come una vera e propria rivoluzione e come un reale moto di trasformazione che aveva l'obiettivo di trasformare radicalmente l'ordine ordine economico mondiale.

La dirigente del PCI Lalla Trupia, la quale si recò in Africa occidentale nel gennaio del 1984, descrisse positivamente il nuovo governo del Burkina Fasò, mosso da buone intenzioni e politiche molto ambiziose malgrado si trattasse «di un gruppo di giovani di sinistra estrema, un po' ingenui e idealisti». Nonostante giudicasse ancora «debole» il governo Sankarà, Lalla Trupia riconobbe i vari passi in avanti nel perseguimento dell'emancipazione femminile e del riconoscimento del ruolo della donna nelle istituzioni e nell'economia del paese, apprezzando anche l'attuazione di molti progetti infrastrutturali pensati per combattere la siccità e le carestie. Trupia riconobbe, inoltre, la politica di ricerca di «piena autonomia culturale ed economica del paese, cercando di instaurare rapporti internazionali e aiuti allo sviluppo che non vincolassero l'autonomia del Governo.

Nell'aprile del 1984 Massimo Micucci e Gianni Giadresco, dirigenti comunisti e responsabili rispettivamente della cooperazione con i paesi in via di sviluppo del PCI e della Sezione Emigrazione/immigrazione, incontrarono a Roma il ministro dell'ambiente dell'Alto Volta, Basile Guissou. Egli descrisse ai suoi due interlocutori la complessa situazione politica del suo paese, descrivendo nel dettaglio la composizione ideologica del suo governo. Oltre ai gruppi di cui abbiamo già fatto menzione, era presente anche il Partito comunista rivoluzionario voltaico, a sua volta ulteriormente scisso in gruppi filo-albanesi e filo-cinesi. Questa formazione politica era giudicata come radicalmente settaria, e avrebbe potuto compromettere i risultati positivi e le politiche del nuovo governo. Guissou chiese allora l'aiuto politico del PCI per combattere questa forma di settarismo, oltre a chiedere ulteriori sforzi dei comunisti italiani per l'approvazione di un piano di aiuti italiani verso l'Africa, con l'obiettivo fondamentale della ricerca di un'autosufficienza alimentare. La scelta del PCI di incaricare due figure come Micucci e Giadresco di incontrare Guissou non fu un fatto casuale: rappresentò un approccio diverso dei comunisti italiani verso l'Africa. Venne meno, infatti, la volontà ideologica (tipica degli anni '70) di costituire piattaforme antimperialiste che unissero il blocco socialista ai paesi ex-coloniali. La politica "solidale" dell'Italia, e dell'Europa nel suo complesso, divenne il pilastro dell'azione del PCI verso l'Africa e le altre dinamiche ideologiche passarono in secondo piano. Ecco quindi che i responsabili della Sezione emigrazione/immigrazione e della cooperazione del Partito con i paesi in via di sviluppo risultavano essere gli interlocutori più adatti per il ministro burkinabé, poiché questi si sarebbero occupati specificamente di assistenza allo sviluppo e di lotta alla povertà.

Capitolo 3

Il futuro delle politiche sankariste

L'eredità di Thomas Sankara: Odile e Blandine Sankara e il Balai Citoyen

Cosa ne sarebbe stato di Thomas Sankara se non fosse stato ucciso? Si chiede Pierre Lepidi, inviato speciale in Burkina Faso per "Le Monde". Come sarebbe invecchiato il capitano che guidò la rivoluzione in Burkina Faso dal 1983 al 1987? Thomas Sankara non c'è più, ma sempre secondo Lepidi, ha lasciato in eredità un patrimonio che non si misura né in riserve auree né in palazzi sontuosi. Ciò che ha lasciato ai suoi eredi è stata l'immagine di un presidente panafricano, un uomo integro che ha disegnato un progetto sociale e lo ha portato avanti, anche se a marcia molto forzata e a costo di alcune importanti libertà.

Dal punto di vista del giornalista "Da Ouagadougou a Bobo Dioulasso, il sorriso del capitano si ritrova oggi su magliette, adesivi, perizomi. Nelle menti, Sankara rimane vivo. Sopravvisse alla "rettifica", questa campagna avviata da Blaise Compaoré che gli succedette e il cui obiettivo era cancellare ogni traccia di lui".[163] Quale sarà il futuro delle politiche sankariste? Diversamente dalle politiche governative adottate in Burkina Faso dalla morte di Thomas Sankara ad oggi, esistono molte persone, movimenti e ONG che sostengono la necessità di riscoprire le grandi intuizioni della "Rivoluzione d'Agosto". Il futuro delle politiche sankariste passa oggi anche dal suo stesso "sangue".

Blandine Sankara, sorella dell'ex Presidente, importante agroecologa, si occupa oggi di cooperazione allo sviluppo e di sovranità alimentare, seguendo il modello ideato da suo fratello e Sawadogo. Ha fondato nel 2012 Yelemani ("cambiamento" nella lingua dioula), un'associazione con sede vicino alla capitale, che lavora con le contadine burkinabé per promuovere modelli agroecologici di lavoro e consumo, nell'ottica strategica di raggiungere la sovranità alimentare. Si tratta di una fattoria sperimentale che promuove questi principi, con la volontà di riscoprire i valori della "rivoluzione d'agosto" e con l'obiettivo di risolvere un grande paradosso del Paese: un'agricoltura che riguarda circa l'80% della popolazione, ma un Paese che si basa quasi in via esclusiva su prodotti importati soprattutto dall'Asia e dall'Europa. Con le produzioni locali che invece esportano i prodotti in Europa, soprattutto in Francia.

Blandine descrive così la situazione nel suo Paese: "in Burkina Faso l'eredità coloniale non si vede solo dal punto di vista commerciale, ma è ancorato nella mentalità. (…) Anche nei

---

[163] Lepidi, Pierre, *Thomas Sankara, l'immortel, op. cit.*

villaggi più remoti del paese, ciò che gli abitanti del villaggio si aspettano che tu riporti dalla città è una baguette (retaggio della colonizzazione francese ndr.). Tuttavia, non produciamo grano in Burkina Faso. È importato dall'Ucraina. L'indipendenza alimentare nel mio Paese passerà necessariamente attraverso un tentativo di decolonizzazione delle mentalità dei contadini burkinabé".[164]

Figura 10: Immagine della "fattoria sperimentale" Yelemani, in Méténier Clémentine, *Blandine Sankara. L'indépendance alimentaire du Burkina Faso passera par la décolonisation des mentalités*, 2022, URL: https://reporterre.net/Blandine-Sankara-L-independance-alimentaire-du-Burkina-Faso-passera-par-la-decolonisation (consultato il 24/04/23).

La sovranità alimentare, il cui concetto è stato presentato nel 1996 da La Via Campesina, un movimento contadino internazionale al vertice dell'Organizzazione delle Nazioni Unite per l'Alimentazione e l'Agricoltura (FAO), è definita dal "diritto dei popoli ad un'alimentazione sana e culturalmente appropriata".[165] Si tratta di cibo prodotto con metodi sostenibili. Questo obiettivo è al centro del progetto dell'associazione Yelemani. Banane, pomodori, zucchine, cavoli e cipolle vengono coltivati con metodi rispettosi dell'ambiente.

Odile Sankara è un'altra delle sorelle di Thomas Sankara. Anche lei, come Blandine, non si occupa direttamente di politica, come in molti potrebbero immaginare dal cognome. Chi l'ha conosciuta la descrive come una donna mite, dolce, cordiale, timida e sorridente. Odile è

---

[164] Méténier Clémentine, *Blandine Sankara. L'indépendance alimentaire du Burkina Faso passera par la décolonisation des mentalités*, 2022, URL: https://reporterre.net/Blandine-Sankara-L-independance-alimentaire-du-Burkina-Faso-passera-par-la-decolonisation (consultato il 24/04/23).

[165] Lepidi, Pierre, *Thomas Sankara, l'écologiste, op. cit.*

un'artista, una regista, una scrittrice e un'attivista dei diritti delle donne. Il suo impegno principale è rappresentato dal condividere, in Burkina Faso come in Europa la sua difficile battaglia per la promozione della donna africana. L'arma che utilizza non è quella del fratello, ovvero la politica, ma il teatro. Odile Sankara nasce nel 1964, anno dell'indipendenza del suo paese, compie studi umanistici laureandosi nel 1990 a Ouagadougou, diventa attrice di teatro, non si sposa e non ha figli, un percorso molto particolare per una donna africana.[166]

Figura 11: La drammaturga burkinabé Odile Sankara in un ritratto scattato durante i Laboratori del pensiero a Dakar, in *Odile Sankara al Tonalestate. Il sì primordiale* URL: https://tonalestate.org/2022/08/odile-sankara-al-tonalestate-il-si-primordiale/ (consultato il 13/05/23).

Come racconta Laura Feal, quando si ascoltano le parole di Odile è difficile dissociarla dall'eredità di Thomas. Parla spesso degli stessi ideali di integrità ed indipendenza dei popoli africani promossi da suo fratello maggiore. Oggi Odile è una delle figure femminili più importanti sia in Africa che in Francia, con un'importante carriera di più di 30 anni. Una delle sue sfide più importanti è rappresentata dal trasformare il teatro in un luogo di coesione sociale, in un momento drammaticamente complicato per il suo Paese, dilaniato dalle violenze jihadiste. Negli anni si è impegnata per facilitare il lavoro delle donne nel campo della cultura attraverso l'associazione "Talents de Femmes" in un Paese, il Burkina, nel quale per una donna non è facile lavorare in un settore così poco "tradizionale" come quello culturale.

Come dimostra un'importante intervista con il quotidiano spagnolo El Pais, per Odile l'arte ha sempre avuto una funzione terapeutica in Africa: "il teatro può aiutare a ricostruire perché tocca immaginari condivisi e da esso si possono invocare spazi che fanno appello all'unione. (…) diversi artisti sono stati a Kaya, che è la città che ospita molti dei gruppi di

---

[166] Ottobre Africano, *Odile Sankara*, 2013. URL: https://www.ottobreafricano.org/odile-sankara/ (consultato il 29/04/23).

sfollati interni tra le province settentrionali e la capitale del paese, Ouagadougou, e abbiamo lavorato con loro e con gli abitanti locali. Abbiamo scelto l'opera Terre Ceinte dello scrittore senegalese Mbougar Sarr, e abbiamo interpretato due brani in lingua Pular e Mosi. Quelle comunità che credevano di non potersi mai sedere insieme per parlare, hanno lavorato insieme per tre settimane, si sono esibite insieme, hanno cantato insieme... È stato molto emozionante. L'arte ha raggiunto ciò che nessun discorso politico o religioso potrebbe fare, perché passa attraverso le emozioni, attraverso il corpo. Si vedevano come esseri umani, di fronte, vedendo come anche l'altro è come lui: impotente".[167] Le parole che Odile utilizza per suo fratello sono sempre di grande ammirazione. Odile considera Thomas come una persona che era in grande anticipo sui tempi, ed è per questo motivo che se ai tempi non era sempre capito, il tempo gli ha reso giustizia. Per Odile l'eredità di Thomas Sankara appartiene a tutti, ad ogni uomo e donna burkinabé. Una eredità che, per la sorella minore di Thomas Sankara, dovrebbe essere recuperata da tutti i leader africani.

Uno dei temi di studio di Odile Sankara è anche quello della cooperazione dello sviluppo. Durante l'evento "Blue Sea Land", l'expo dei cluster del Mediterraneo, dell'Africa e del Medio Oriente di Mazara del Vallo, i temi della decolonizzazione e della cooperazione hanno guidato la discussione del primo evento organizzato dall'Agenzia Italiana per la Cooperazione allo Sviluppo (AICS) in occasione dei 35 anni dalla morte dell'ex presidente del Burkina Faso, Thomas Sankara. Un contributo fondamentale al dibattito è stato fornito dal colloquio proprio con Odile Sankara. Ecco alcune parole di Odile: "Thomas ha indicato una via ai popoli africani che si basa sulla conoscenza e l'insegnamento delle proprie tradizioni e dei propri valori. Ha mobilitato anche molti giovani per la libertà del proprio Paese".[168]

Il futuro delle politiche sankariste è però anche, e soprattutto, rappresentato dalle azioni di molti giovani africani. Oltre tre decenni dopo il suo assassinio, Thomas Sankara rimane infatti molto popolare tra la gioventù africana. Nel panorama politico africano sono infatti emersi vari movimenti giovanili, ispirati dall'ideale di Sankara e dalla sua filosofia politica. Tra questi ricordiamo "Balai Citoyen" ("Citizen Broom"), un movimento popolare della società civile burkinabé. Balai Citoyen è spesso rappresentato come un movimento di protesta omogeneo, ma in realtà è costituito da un collettivo di persone di diverse storie politiche che condividono gli ideali sankaristi e che prendono come riferimento centrale la storia di lotta politica durante la Rivoluzione d'Agosto, guidata da Thomas Sankara.

---

[167] Feal Laura, *Odile Sankara continúa la lucha panafricana de su hermano a través del teatro*, El País Planeta futuro, 2022, URL: https://elpais.com/planeta-futuro/2022-04-11/odile-sankara-continua-la-lucha-panafricana -de-su-hermano-a-traves-del-teatro.html (consultato il 18/04/23).

[168] Agenzia Italiana per la Cooperazione allo Sviluppo, *AICS a Blue Sea Land tra decolonizzazione, localizzazione dell'aiuto e partnership alimentari*, 2022, URL: https://www.aics.gov.it/tag/sankara/ (consultato il 05/05/23).

Il movimento è nato in un momento di svolta nella vita politica del Paese, in un contesto istituzionale segnato dagli sforzi dell'allora Presidente Blaise Compaoré per cambiare la Costituzione del Paese con l'obiettivo di espandere i limiti del mandato presidenziale. Il Balai Citoyen si è espresso rapidamente contro questo piano politico, diventando un vero e proprio movimento di massa e guidando una dura opposizione al governo. Ha anche denunciato la mancanza di giustizia nel paese, indicando numerosi casi pendenti di gravi ingiustizie, compreso l'assassinio di Sankara. In seguito alle dimissioni di Compaoré, il 31 ottobre del 2014, le Balai Citoyen, ha lanciato una simbolica spazzata delle strade di Ouagadougou dopo la partenza dal Paese dell'ex Presidente.

Il movimento si chiama letteralmente "scopa cittadina" proprio per sottolineare il desiderio di liberare il paese dalla "sporcizia", inclusa l'avidità della corruzione politica. Gli attivisti spesso tengono la scopa come simbolo di questa azione di pulizia della "casa". Composto dalle parole 'cittadino' e 'scopa', il neologismo indica qualsiasi persona impegnata nella valorizzazione dei valori di integrità, onestà, giustizia sociale e responsabilità nella governance pubblica. Il movimento prende anche il nome dai regolari esercizi di pulizia delle strade avviati da Thomas Sankara, in cui i cittadini utilizzavano le scope e pulivano i loro quartieri.

Rivendicando un'ideologia sankarista, Balai Citoyen anima i giovani attraverso un discorso politico fortemente panafricanista. Considerandosi gli "eredi" di Thomas Sankara, il movimento è stato lanciato ufficialmente il 25 agosto 2013 (è stato co-fondato da due musicisti, l'artista reggae Sams'K Le Jah e il rapper Serge Bambara). Tuttavia, la storia precedente del movimento risale al 2011, durante un'informale discussione pubblica sulla situazione politica del Paese, tra giornalisti, studenti e attivisti per i diritti umani. Essi si sono ispirati all'iniziale successo sia della primavera araba che di altri movimenti giovanili africani come quello senegalese Y'En a Marre (Siamo stanchi). Ma allo stesso tempo il progetto ha radici molto più lunghe nel Paese: i rappresentanti della società civile si erano già mobilitati da anni contro il governo, la corruzione e la mancanza di alternative per i giovani, spesso ispirandosi anche alla figura di Thomas Sankara. Esempi di tali organizzazioni includono Cadre de Réflexion et d'Actions Démocratiques (CADRe), Generation Cheikh Anta Diop, REPERE, Réseau Barke e il Club Rousseau. Balai Citoyen è quindi un'organizzazione "ombrello" che unisce molte associazioni democratiche ed è composto da artisti, musicisti, giornalisti, avvocati, commercianti, agricoltori ed altre parti sociali.

Per raggiungere la popolazione in ogni luogo del Paese, Balai Citoyen, proprio come la Rivoluzione dell'agosto 1983 che aveva impiantato i Comitati di Difesa della Rivoluzione (CDR) su tutto il territorio, ha istituito delle cellule territoriali in ogni distretto del Burkina

Faso. Lo spirito panafricanista ed internazionalista del movimento, anch'esso ispirato alla visione politica di Sankara, è anche delineato dalla presenza di "ambasciate" che rappresentano il movimento fuori dal territorio del Burkina Faso.[169]

L'intellettuale africano Abdourahman Waberi sostenne anche che "se il suo regime fu lontano dall'essere perfetto, la posterità riconosce la rivoluzione del Burkina Faso per quello che è: un'esperienza uguale a nessun'altra".[170] Umberto Mazzantini riconosce l'importanza degli ideali sankaristi per i tanti giovani, artisti e attivisti africani che ancora oggi ritraggono speranzosi la figura di Thomas Sankara. Questi sono solo alcuni degli esempi di come le politiche e gli ideali sankaristi continuino ad avere vita. Perché, come sosteneva Thomas Sankara, "le idee non si possono uccidere".[171]

---

[169] Murrey Amber (a cura di), *A Certain Amount of Madness. The Life, Politics and Legacies of Thomas Sankara*, London, Pluto Press, 2018, pp. 225-227.

[170] Mazzantini Umberto, *Perché è il "comunista" Thomas Sankara l'eroe della gioventù africana*, 2016, URL: https://www.thomassankara.net/perche-e-il-comunista-thomas-sankara-leroe-della-gioventu-africana/?lang=it (consultato il 18/04/23).

[171] *Ibid.*

Bibliografia

Amnesty International, *Burkina Faso: Political Imprisonment and the Use of Torture from 1983 to 1988*, London, Amnesty International, 1988

Batà Carlo, *L'Africa di Thomas Sankara. Le idee non si possono uccidere*, Verona, Achab, 2003

Cangiano Giuliano (a cura di), *Sostiene Sankara. Racconti disegnati di felicità rivoluzionarie*, Padova, Becco Giallo, 2014

International Monetary Fund, *Regional Economic Outlook. Sub-Saharan Africa*, Washington D.C., IMF, Ottobre 2022

Murrey Amber (a cura di), *A Certain Amount of Madness. The Life, Politics and Legacies of Thomas Sankara*, London, Pluto Press, 2018

Rossi Davide, *Thomas Sankara. La Rivoluzione in Burkina Faso 1983-1987*, Milano, PGreco, 2017

Sankara Thomas, *Il presidente ribelle*, Roma, Manifestolibri, 1997

Sankara Thomas, *I discorsi e le idee*, Roma, Sankara, 2003

Sharp Robin, *Burkina Faso. New Life for the Sahel? A Report for Oxfam*, Oxford, Oxfam, 1987

Skinner Elliott P., "Sankara and the Burkinabe Revolution: Charisma and Power, Local and External Dimensions", in *The Journal of Modern African Studies*, vol. 26, n. 3, settembre 1988, pp. 437-455

Siracusano, Gabriele, *La fine di un miraggio politico. Lo sguardo del PCI e del PCF sull'Africa subsahariana francofona indipendente (1960-1984). Nuove visioni e prospettive africane dei comunisti occidentali*, PhD Thesis, Université Panthéon - Sorbonne Paris I e Università degli studi di Roma Tor Vergata, 2020.

Sitografia

Agenzia Italiana per la Cooperazione allo Sviluppo, *Burkina Faso*, URL: https://ouagadougou.aics.gov.it/home-ita/paesi/iniziative/burkina/ (consultato il 15/04/23)

Agenzia Italiana per la Cooperazione allo Sviluppo, *AICS a Blue Sea Land tra decolonizzazione, localizzazione dell'aiuto e partnership alimentari*, 2022, URL: https://www.aics.gov.it/tag/sankara/ (consultato il 05/05/23)

Balma Lorenzo, *Thomas Sankara. Volti della storia*, URL: https://sites.google.com/view/spi storiapoliticainformazione/volti-della-storia/thomas-sankara (consultato il 18/04/23)

Boldrini Mariachiara, *Thomas Sankara, oltre il mito*, 2023, URL: https://www.africarivista.it/ thomas-sankara-oltre-il-mito/213221/ (consultato il 22/04/23)

Cagnolari Vladimir, *Sankara, President Music Lover and Player*, 2017, URL: https://pan-african-music.com/en/sankara-president-musician/ (consultato il 28/04/23)

Crivellaro Pierpaolo, *Burkina Faso. Il secondo colpo di Stato e la crisi umanitaria a Djibo*, 2022, URL: https://www.aics.gov.it/oltremare/voci-dal-campo/burkina-faso-il-secondo-colpo-di-stato-e-la-crisi-umanitaria-a-djibo/ (consultato il 22/04/23)

Dipartimento federale degli affari esteri, *Burkina Faso*, 2023, URL: https://www.eda.admin. ch/deza/it/home/paesi/burkina-faso.html/content/dezaprojects/SDC/en/2017/7F09781/ phase99 (consultato il 10/04/23)

Feal Laura, *Odile Sankara continúa la lucha panafricana de su hermano a través del teatro*, El País Planeta futuro, 2022, URL: https://elpais.com/planeta-futuro/2022-04-11/odile-sankara-continua-la-lucha-panafricana-de-su-hermano-a-traves-del-teatro.html (consultato il 18/04/23)

Freedom House, *Country ratings and status 1973-2014*, 2014, URL: https://www.freedom house.org/sites/default/files/Country%20Ratings%20and%20Status,%201973-2014%20 (FINAL).xls (consultato il 04/05/23)

Interview de Thomas Sankara réalisée par Mongo Beti il 3 novembre 1985, URL: https://www.thomassankara.net/interview-de-thomas-sankara-realisee-par-mongo-beti/ (consultato il 09/05/23)

Jaffré Bruno, *La tombe de Sankara profanée. La rage des vaincus?*, 2011, URL: https://www.thomassankara.net/la-tombe-de-sankara-profanee-la-rage-des-vaincus/ (consultato il 30/04/23)

Jaffré Bruno, *Fidel Castro - Thomas Sankara, Cuba - Burkina, des liens encore méconnus*, 2016, URL: https://blogs.mediapart.fr/bruno-jaffre/blog/051216/fidel-castro-thomas-sankara-cuba-burkina-des-liens-encore-meconnus (consultato il 17/04/23)

Kongo Jean-Claude e Zeilig Leo, *Sankara's elusive socialism*, 2021, URL: https://roape.net/2021/09/23/sankaras-elusive-socialism/ (consultato il 22/08/23)

Lepidi Pierre, *Thomas Sankara, l'immortel*, 2019, URL: https://www.lemonde.fr/afrique/article/2019/12/31/thomas-sankara-l-immortel_6024468_3212.html (consultato il 22/08/23)

Lepidi Pierre, *Thomas Sankara, l'homme intègre*, 2020, URL: https://www.lemonde.fr/afrique/article/2020/01/01/thomas-sankara-l-homme-integre_6024544_3212.html (consultato il 21/08/23)

Lepidi Pierre, *Thomas Sankara, le patriote*, 2020, URL: https://www.lemonde.fr/afrique/article/2020/01/02/thomas-sankara-le-patriote_6024631_3212.html (consultato il 22/08/23)

Lepidi Pierre, *Thomas Sankara, l'écologiste*, 2020, URL: https://www.lemonde.fr/afrique/article/2020/01/03/thomas-sankara-l-ecologiste_6024742_3212.html (consultato il 24/08/23)

Lepidi Pierre, *Thomas Sankara, le féministe*, 2020, URL: https://www.lemonde.fr/afrique/article/2020/01/04/thomas-sankara-le-feministe_6024805_3212.html (consultato il 21/08/23)

Losito Gianluca, *L'eredità sportiva di Thomas Sankara*, 2021, URL: https://www.thomassankara.net/leredita-sportiva-di-thomas-sankara/?lang=it (consultato il 02/05/23)

Mazzantini Umberto, *Perché è il "comunista" Thomas Sankara l'eroe della gioventù africana*, 2016, URL: https://www.thomassankara.net/perche-e-il-comunista-thomas-sankara-leroe-della-gioventu-africana/?lang=it (consultato il 18/04/23)

Méténier Clémentine, *Blandine Sankara. L'indépendance alimentaire du Burkina Faso passera par la décolonisation des mentalités*, 2022, URL: https://reporterre.net/ Blandine-Sankara-L-independance-alimentaire-du-Burkina-Faso-passera-par-la-decolonisation (consultato il 24/04/23)

Meyer Verdejo Àlex, *La coopération au développement selon Thomas Sankara*, 2020, URL: https://www.thomassankara.net/la-cooperacion-al-desarrollo-segun-thomas-sankara/ (consultato il 26/04/23)

Mianzoukouta Albert, *Thomas Sankara il Panafricanista*, 2009, URL: https://www.thomassankara.net/thomas-sankara-il-panafricanista-di-albert-mianzoukouta/?lang=it (consultato il 10/04/23)

Montanaro Silvestro, *Sankara - "...e quel giorno uccisero la felicità"*, 2013, puntata della trasmissione televisiva di RAI 3 "C'era una volta" andata in onda il 18/01/2013, URL: https://www.youtube.com/watch?v=GPCNq-T7yDY (consultato il 02/05/23)

Odile Sankara al Tonalestate. Il sì primordiale URL: https://tonalestate.org/2022/08/odile-sankara-al-tonalestate-il-si-primordiale/ (consultato il 13/05/23)

Ottobre Africano, *Odile Sankara*, 2013, URL: https://www.ottobreafricano.org/odile-sankara/ (consultato il 29/04/23)

Palumbo Enrico, *Thomas Sankara e la rivoluzione interrotta*, 2017, URL: https://www.thomassankara.net/thomas-sankara-e-rivoluzione-interrotta/?lang=it (consultato il 27/04/23)

Pellegrini Giulia, *Debito in crescita. Torna l'ostacolo più grande allo sviluppo africano?*, 2023, URL: https://www.ispionline.it/it/pubblicazione/debito-in-crescita-torna-lostacolo-piu-grande-allo-sviluppo-africano-124165 (consultato il 07/05/23)

Sankara à Harlem, URL: https://www.thomassankara.net/sankara-a-harlem-3/?lang=it (consultato il 12/05/23)

Sankara Thomas, *Discours prononcé au Sommet des Non alignés de New Delhi en mars 1983*, 2007, URL: http://thomassankara.net/discours-prononce-au-sommet-des-non-alignes-de-new-delhi-en-mars-1983/ (consultato il 09/04/23)

Trading Economics, URL: https://it.tradingeconomics.com/burkina-faso/government-debt-to-gdp (consultato il 22/05/23)

Viaggi e Pianoforte, *Thomas Sankara. Il "Che Guevara Africano"*, URL: https://www.viaggiepianoforte.com/africa/thomas-sankara-il-che-guevara-africano (consultato il 22/04/23)

WOWnature, *Rivoluzione ecologica e desertificazione. Alla ricerca del sogno di Thomas Sankara*, 2020, URL: https://www.wownature.eu/thomas-sankara-ecologia-desertificazione-in-burkina-faso/ (consultato il 18/04/23)